इलेक्ट्रॉनिक्स मैकेनिक प्रथम वर्ष हिंन्दी MCQ

मनोज डोळे

डिजिटाइजेशन समय की मांग है। भविष्य में, प्रशिक्षण को अधिक सुविधाजनक और आसान बनाने के लिए ऑनलाइन इंटरनेट का उपयोग करके औद्योगिक प्रशिक्षण संस्थानों में प्रशिक्षण आयोजित करने की आवश्यकता होगी। एमसीक्यू प्रश्नों के एक सेट वाली ई-पुस्तकें प्रशिक्षुओं को उपलब्ध कराई जाएंगी क्योंकि उन्हें अपने औद्योगिक प्रशिक्षण संस्थानों में होने वाली ऑनलाइन परीक्षाओं की तैयारी के लिए बहुविकल्पीय प्रश्नों एमसीक्यू के अधिक आदी होने की आवश्यकता है।

इन सब बातों को ध्यान में रखते हुए औद्योगिक प्रशिक्षण संस्थान सतारा के प्रशिक्षक श्री मनोज मधुकर डोले ने नई वार्षिक प्रणाली और एनएसक्यूएफ-5 पाठ्यक्रम के अनुसार पुस्तकें लिखी हैं। और उन्होंने प्रशिक्षण को आसान बनाने के लिए सैद्धांतिक मोबाइल ऐप और ब्लॉग बनाए हैं, और इन सभी शैक्षिक सामग्री को विश्व प्रसिद्ध वेबसाइटों Google Play Store, Amazon और Apple Book Store पर डाउनलोड के लिए उपलब्ध कराया है।

पुस्तकों का प्रकाशन माननीय सहसंचालक श्री राजेंद्र घुमे साहेब प्रादेशिक व्यावसायिक शिक्षण व प्रशिक्षण कार्यालय, पुणे द्वारा दिनांक 9/1/2019 को किया गया, इस समय श्री प्रकाश सहगवकर साहब प्राचार्य शासकीय औद्योगिक प्रशिक्षण संस्थान औंध पुणे, श्री तुकाराम मिसाल साहेब प्राचार्य सरकार प्र. संस्था सतारा, श्री सचिन धूमल साहब जिला व्यावसायिक शिक्षा एवं प्रशिक्षण अधिकारी सतारा, श्री यतिन परगांवकर साहब प्राचार्य शासन. Q. संस्था कोल्हापुर, श्री विकास टेक साहब इंस्पेक्टर वोकेशनल एजुकेशन एंड ट्रेनिंग रीजनल ऑफिस पुणे, पालेकर फूड्स प्रोडक्ट्स प्रा. लि. सतारा के उद्यमी अध्यक्ष श्री नीलकंठराव पालेकर साहब, हीरा फूड्स के अध्यक्ष श्री इब्राहिम बाबा तंबोली साहब, श्रीमती शाल्मली पवार मुख्याध्यापिका शासकीय तकनीकी विद्यालय केंद्र सतारा सहित अन्य गणमान्य व्यक्ति इस अवसर पर उपस्थित थे।

क्रम-सूची

प्रस्तावना

इलेक्ट्रॉनिक्स मैकेनिक प्रथम वर्ष हिंन्दी MCQआईटीआई और इंजीनियरिंग पाठ्यक्रम के लिए एक सरल पुस्तक है **इलेक्ट्रॉनिक्स मैकेनिक प्रथम वर्ष**, में संशोधित एनएसक्यूएफ पाठ्यक्रम, इसमें रेखांकित और बोल्ड सही उत्तरों के साथ वस्तुनिष्ठ प्रश्न शामिल हैं, जिसमें सुरक्षा और पर्यावरण के बारे में नवीनतम और महत्वपूर्ण सभी विषयों को शामिल किया गया है।, आग बुझाने के यंत्रों का उपयोग, कृत्रिम श्वसन पुनर्जीवन शुरू करने के लिए। उसे व्यापार उपकरण और उसके मानकीकरण का विचार मिलता है, बिजली की बुनियादी बातों से परिचित होता है, केबल का परीक्षण करता है और विद्युत पैरामीटर को मापता है। बैटरियों के संचालन और रखरखाव के लिए विभिन्न प्रकार और कोशिकाओं के संयोजन पर कौशल अभ्यास किया जा रहा है। निष्क्रिय और सक्रिय इलेक्ट्रॉनिक घटकों को पहचानें और उनका परीक्षण करें। अनियमित और विनियमित बिजली आपूर्ति का निर्माण और परीक्षण । होल पीसीबी के माध्यम से विभिन्न प्रकार के विद्युत और इलेक्ट्रॉनिक घटकों के सोल्डरिंग और डी-सोल्डरिंग का अभ्यास करें। एक कंप्यूटर सिस्टम को असेंबल करें, ओएस इंस्टॉल करें, एमएस ऑफिस के साथ अभ्यास करें। इंटरनेट का उपयोग करें, ब्राउज़ करें, मेल आईडी बनाएं, खोज इंजन का उपयोग करके इंटरनेट से वांछित डेटा डाउनलोड करें। निर्माण और परीक्षण एम्पलीफायर, थरथरानवाला और तरंग आकार देने वाले सर्किट। बिजली इलेक्ट्रॉनिक घटकों का परीक्षण। पावर कंट्रोल सर्किट का निर्माण और परीक्षण करें। ऑप्टो इलेक्ट्रॉनिक उपकरणों को पहचानें और उनका परीक्षण करें। एसएमडी सोल्डरिंग और असतत एसएमडी घटकों के डी-सोल्डरिंग पर कौशल हासिल करने में सक्षम। डेटा बुक का हवाला देकर विभिन्न डिजिटल आईसी की सत्य सारणी का सत्यापन करना। विभिन्न सर्किटों का अनुकरण और परीक्षण करने के लिए सर्किट सिमुलेशन सॉफ्टवेयर का अभ्यास करें। विभिन्न प्रकार के एलईडी, एलईडी डिस्प्ले की पहचान करें और उन्हें एक डिजिटल काउंटर और परीक्षण के लिए इंटरफ़ेस करें। रैखिक आईसी 741 और 555, और बहुत कुछ का उपयोग करके विभिन्न सर्किटों का निर्माण और परीक्षण करें।

हम प्रत्येक नए संस्करण के साथ नए प्रश्न उत्तर जोड़ते हैं। किसी भी त्रुटि/चूक के मामले में कृपया हमें ईमेल करें। यह यकीनन सभी इंजीनियरिंग बहुविकल्पीय प्रश्नों और उत्तरों के लिए सबसे बड़ी और सर्वश्रेष्ठ ई-बुक है।

एक छात्र के रूप में आप इसे अपनी परीक्षा की तैयारी के लिए उपयोग कर सकते हैं। यह ई-पुस्तक प्रोफेसरों के लिए सामग्री को ताज़ा करने के लिए भी उपयोगी है।

भूमिका

डीजीईटी नई दिल्ली और सीएसटीएआरआई कोलकाता अगस्त 2018 सत्र से आईटीआई में सभी व्यवसायों के लिए एक वार्षिक पैटर्न लागू कर रहे हैं। परीक्षा प्रणाली में भी बदलाव किया जाएगा और यह इस साल से ऑनलाइन हो जाएगी और चूंकि सभी प्रश्न वस्तुनिष्ठ प्रकार (एमसीक्यू) के हैं, इसलिए प्रशिक्षुओं को गहन अध्ययन की सख्त जरूरत है। इसे ध्यान में रखते हुए हमें पुराने NIMI पैटर्न पर आधारित पुस्तकें और नए वार्षिक पैटर्न का संपूर्ण अवलोकन प्रस्तुत करते हुए प्रसन्नता हो रही है, और हम आशा करते हैं कि ये पुस्तकें सभी व्यावसायिक निदेशकों और प्रशिक्षुओं के लिए एक मार्गदर्शक होंगी। है।

इन पुस्तकों को लिखने के लिए आईटीआई अकलुज के प्राचार्य जोहर अवाटे साहब ने कहा। आईटीआई सतारा सहगवकर साहब के पूर्व प्राचार्य, सहायक निदेशक श्री चंद्रकांत ढेकने साहेब क्षेत्रीय व्यावसायिक शिक्षा एवं प्रशिक्षण कार्यालय, पुणे, जिला व्यावसायिक शिक्षा एवं प्रशिक्षण अधिकारी सचिन धूमल साहेब एवं प्रधानाध्यापक शासकीय तकनीकी विद्यालय केन्द्र शाल्मली पवार मैडम एवं पुत्र अधिराज डोले, माता कुसुम डोले , मैं अपने पिता मधुकर डोले और पत्नी अश्विनी डोले को समय-समय पर उनके विशेष मार्गदर्शन और सहयोग के लिए बहुत आभारी हूं।

साथ ही, बहुत ही कम समय में श्री राजेन्द्र घुमे साहेब, संयुक्त निदेशक, व्यावसायिक शिक्षा और प्रशिक्षण क्षेत्रीय कार्यालय, पुणे द्वारा पुस्तक के प्रकाशन में उनके अमूल्य समय के लिए पुस्तक की समीक्षा की गई। मैं उनकी प्रतिक्रिया के लिए हृदय से आभारी हूँ।

पुस्तक लिखने की शुरुआत से ही निरंतर समर्थन के लिए मैं आईटीआई सतारा के प्रशिक्षक का आभारी हूं।

इस पुस्तक से, मैं खुद को धन्य मानता हूं कि मैंने आपके साथ ई-लर्निंग पर अपने विचार साझा किए। मैं यह दावा नहीं करूंगा कि यह पुस्तक पूर्ण है, क्योंकि पूर्णता को देखते हुए यह पुस्तक एक प्रयास है और अपनी शैशवावस्था में है। यदि उनका परीक्षण और सुझाव दिया जाए तो वे सुधार के लिए मूल्यवान होंगे।

मनोज डोले

दिनांक 9/1/2019

पावती (स्वीकृति)

21वीं सदी में औद्योगिक क्षेत्र में तेजी से बढ़ती मांग के अनुरूप बहु-कुशल कारीगरों की आपूर्ति के लिए व्यावसायिक शिक्षा और प्रशिक्षण विभाग के माध्यम से व्यावसायिक शिक्षा और प्रशिक्षण विभाग के माध्यम से व्यावसायिक शिक्षा और प्रशिक्षण प्रदान किया जाता है। संस्थानों के भीतर सभी व्यवसाय महत्वपूर्ण हैं, क्योंकि इन व्यवसायों के प्रशिक्षु उद्योग की मांगों के अनुसार बहु-कौशल विकसित करते हैं।

सभी व्यवसायों के लिए उपयुक्त एमसीक्यू ई-पुस्तकें उपलब्ध कराने के नेक इरादे से, यह देखते हुए कि औद्योगिक क्षेत्र के सभी उद्योगों में सभी परीक्षाएं ऑनलाइन आयोजित की जाती हैं और इसमें एमसीक्यू पद्धति के प्रश्न शामिल होते हैं। श्री मनोज मधुकर डोले ने नए वार्षिक पाठ्यक्रम के अनुसार एमसीक्यू पद्धति पर एक बहुत अच्छी ई-बुक लिखी है। यह ई-पुस्तक निश्चित रूप से सभी प्रशिक्षुओं, प्रशिक्षु उम्मीदवारों, प्रशिक्षण प्रशिक्षकों और अन्य संबंधितों के लिए एक मार्गदर्शक होगी।

पुस्तक के लेखक श्री मनोज मधुकर डोले, इंस्ट्रक्टर गॉव आईटीआई सतारा को 17 साल का प्रशिक्षण अनुभव है। एक नए वार्षिक पैटर्न के रूप में लिखी गई, यह ई-बुक प्रत्येक विषय के लिए लेआउट, सरल भाषा और सरल सिंटैक्स, आरेख और वीडियो को समझने के लिए आधुनिक डिजिटल क्यूआर कोड तकनीक को शामिल करती है। इसलिए मुझे विश्वास है कि यह ई-पुस्तक निश्चित रूप से गहन अध्ययन और परीक्षा अभ्यास के लिए उपयोगी होगी। उन्होंने जो कार्य किया है वह निश्चित रूप से काबिले तारीफ है।

श्री तुकाराम मिसाल

प्राचार्य शासकीय औद्योगिक प्रशिक्षण संस्था सातारा.

आमुख

हमारे औद्योगिक प्रशिक्षण संस्थानों की औद्योगिक प्रशिक्षण और सैद्धांतिक परीक्षा प्रणाली और इन परिवर्तनों को शिल्प प्रशिक्षकों और प्रशिक्षुओं द्वारा स्वीकार किया गया है। आपके औद्योगिक प्रशिक्षण संस्थानों में आयोजित सैद्धांतिक परीक्षाएं भी ऑनलाइन आयोजित की जाती हैं। चूंकि ये परीक्षाएं बहुविकल्पीय एमसीक्यू पद्धति की हैं, इसलिए प्रशिक्षुओं को ऐसे प्रश्नों का अधिक अभ्यास करने की आवश्यकता होगी।

इन सब बातों को ध्यान में रखते हुए श्री मनोज मधुकर, निदेशक, डोले क्राफ्ट्स, कटारी औद्योगिक प्रशिक्षण संस्थान, सतारा, ने नई वार्षिक प्रणाली और NSQF-5 के अनुसार, गहन अध्ययन किया है और अपनी मेहनत से और अपनी गहरी बुद्धि को जोड़ा है। पाठ्यक्रम, कटारी और अन्य मशीन ट्रेडों की ई-बुक। -बुक) और उन्होंने प्रशिक्षण को आसान बनाने के लिए सैद्धांतिक विषयों पर मोबाइल ऐप और ब्लॉग बनाए हैं और इन सभी शैक्षिक सामग्री को विश्व प्रसिद्ध वेबसाइटों Google Play Store, Amazon और Apple Book Store पर डाउनलोड के लिए उपलब्ध कराया है। प्रिंट संस्करण बनाकर और क्यूआर कोड जैसी उन्नत तकनीकों का उपयोग करके प्रशिक्षण को आसान बना दिया गया है।

ये सभी शैक्षिक सामग्री निश्चित रूप से सभी प्रशिक्षुओं के लिए गहन अध्ययन के लिए और शिल्प प्रशिक्षकों और अन्य संबंधितों के लिए एक मार्गदर्शक होगी जो व्यावसायिक प्रशिक्षण प्रदान कर रहे हैं।

1

इलेक्ट्रॉनिक्स मैकेनिक प्रथम वर्ष हिंन्दी QR Code Images

Download App
Online Test Exam
ITI Books
AutoCAD CAM
JOB & Apprentice
Online Theory
Computer Course
Trading Course
CNC Course
MSCIT Course
Shopping Business
Internet Business
Web Designing
Online Services
Top Sportsmans
Indian Army
Freedom Fighters
Top Scientists
Social Reformers
Motivational Speaker
Top Richest People
Join WhatsApp Group
Join Facebook Group
Like Facebook Page
PAN / Adhar / Licence Passport

Fire extinguisher

Calliper

Hacksaw frame

Universal surface guage

Hammer

Centre punch

Bench vice

Files

Scraper

Surface Plate

Outside Micrometer

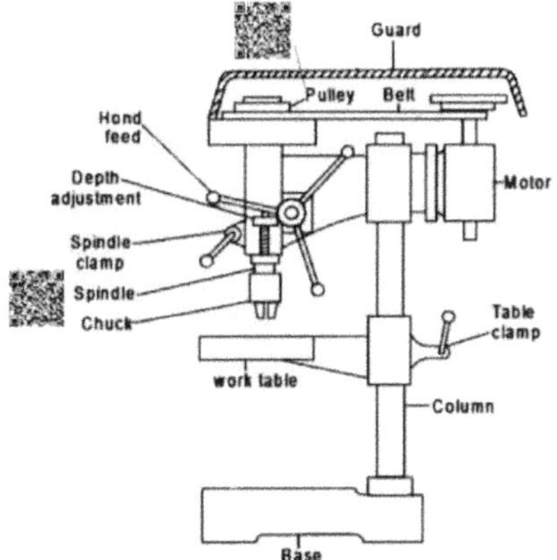

Piller Drilling Machine

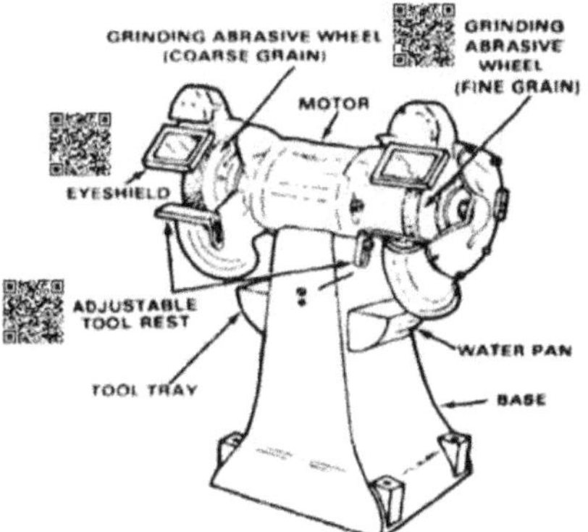

Pedastal Grinding Machine

14 ITI Book MCQ - Manoj Dole
www.itibook.com
battery
capacitor
cell
dynamometer
electromagnet
heater
inductance
magnet
www.itigov.blogspot.com www.jobapprentices.blogspot.com www.ititests.blogspot.com
www.itibook.com

15 ITI Book MCQ - Manoj Dole
www.itibook.com
megger
motor
multimeter
ohmmeter
resistores
star connected
alternator
voltmeter
ammeter
wattmeter
www.itigov.blogspot.com www.jobapprentices.blogspot.com www.ititests.blogspot.com
www.itibook.com

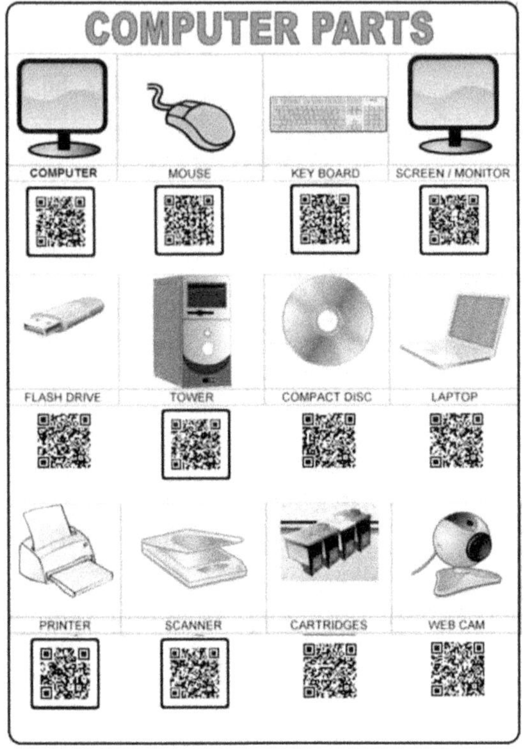
COMPUTER PARTS
COMPUTER
MOUSE
KEY BOARD
SCREEN / MONITOR
FLASH DRIVE
TOWER
COMPACT DISC
LAPTOP
PRINTER
SCANNER
CARTRIDGES
WEB CAM

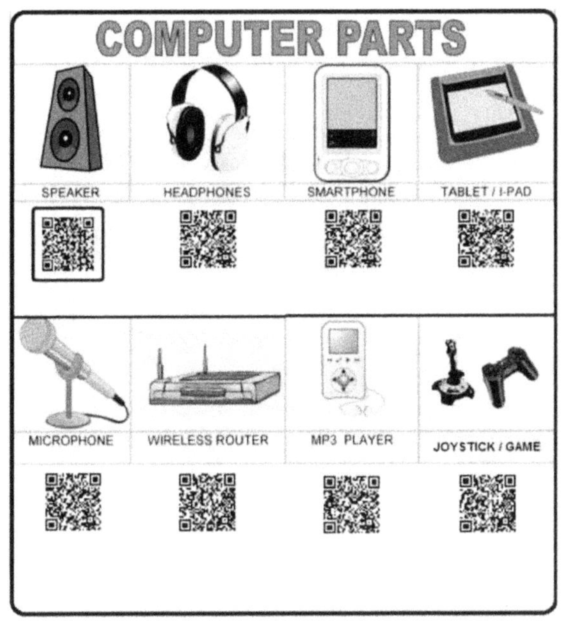
COMPUTER PARTS
SPEAKER
HEADPHONES
SMARTPHONE
TABLET / I-PAD
MICROPHONE
WIRELESS ROUTER
MP3 PLAYER
JOYSTICK / GAME

Motherboard
Hardware Components

Excel Basic Functions

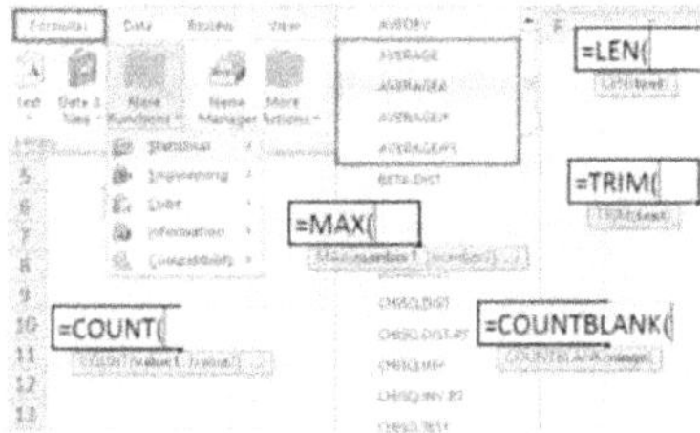

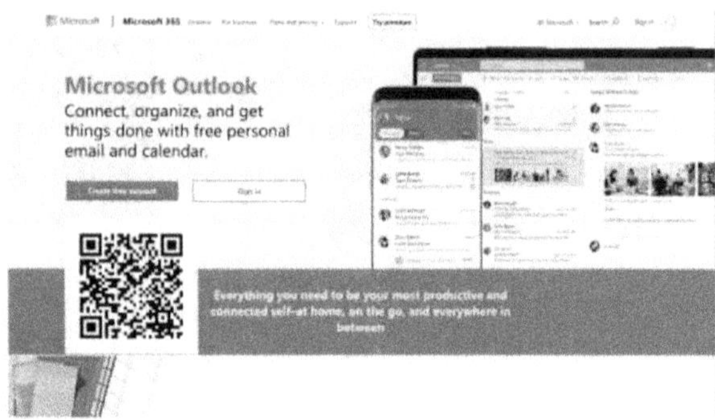
Microsoft Outlook
Connect, organize, and get things done with free personal email and calendar.
Everything you need to be your most productive and connected self-at home, on the go, and everywhere in between

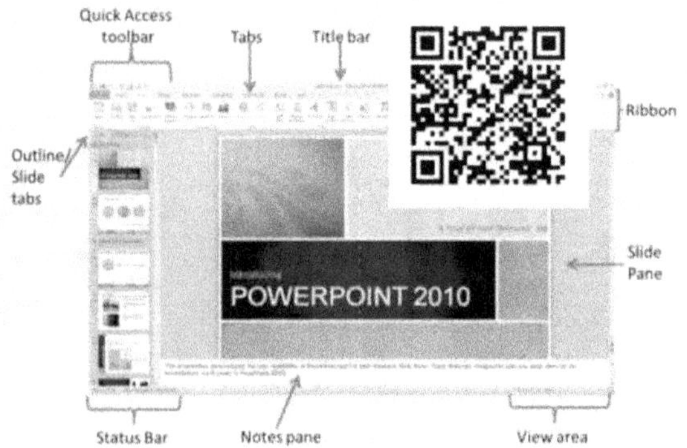
Quick Access toolbar
Tabs
Title bar
Ribbon
Outline/Slide tabs
Slide Pane
POWERPOINT 2010
Status Bar
Notes pane
View area

MS Paint
Microsoft
FEATURES OF
MS WORD
IN HINDI
• WHAT IS MS WORD
• HISTORY OF MS WORD
• FEATURES OF MS WORD

Software Installation

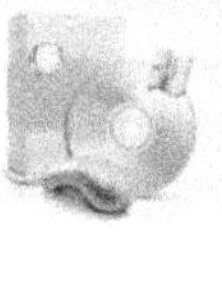

CDBurnerXP

Top Linux OS

Network Connections

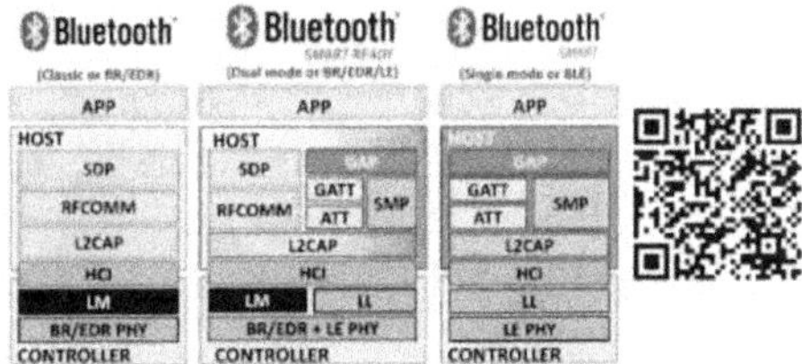
Bluetooth
Bluetooth
Bluetooth
APP
APP
APP
HOST
HOST
SDP
SDP
GATT
SMP
GATT
SMP
RFCOMM
RFCOMM
ATT
ATT
L2CAP
L2CAP
L2CAP
HCI
HCI
HCI
LM
LM
LL
LL
BR/EDR PHY
BR/EDR + LE PHY
LE PHY
CONTROLLER
CONTROLLER
CONTROLLER

Wi Fi
DSL/Cable
Local Network

What is a Browser - Definition and

What is Email?
HTTP client monitors and controls embedded device via webpage in HTTP server
Embedded HTTP client posts status to server and polls for new commands
Webpage running in server on Internet
Home Network
PC
HTTP Client
HTTP Server
Web Server
Router
Router
Internet
HTTP Client
Office Network

2

इलेक्ट्रॉनिक्स मैकेनिक प्रथम वर्ष हिंन्दी MCQ

1] कौन सी वर्कशॉप सेफ्टी है?

ए] दुकानकेफर्शकोसाफऔरग्रीस, तेलयाअन्यफिसलनसामग्रीसेमुक्तरखें

बी] गति बदलने से पहले मशीन बंद करो

सी] फटे या चिपके हुए औजारों का प्रयोग न करें

D] चल रही मशीन को हाथ से रोकने की कोशिश न करें

2] पर्सनल प्रोटेक्ट इक्विपमेंट (पीपीई) में हेल्मेट का उपयोग किया जाता है

ए] सिरकीरक्षाकरें

बी] आंखों की रक्षा करें

सी] हाथों की रक्षा करें

डी] कानों की रक्षा करें

3] निम्नलिखित में से कौन सामान्य सुरक्षा से संबंधित है?

A एक कार्यकर्ता को अच्छे व्यवहार में रखें

बी] काम साफ और स्पष्ट

सी] अपने काम पर ध्यान लगाओ

डी] फर्शऔरगैंगवेकोसाफऔरसाफरखें

4] पीसते समय आंखों की सुरक्षा के लिए किसका प्रयोग किया जाता है?

ए] गहरा हरा कांच

बी] मुखौटा

सी] धूप का चश्मा

डी] सुरक्षाचश्मा

5] मशीन सुरक्षा के लिए निम्नलिखित में से क्या किया जाता है?

ए] मशीनशुरूकरनेसेपहलेतेलकेस्तरकीजांचकरें

बी] चीजों को व्यवस्थित तरीके से करें

सी] फर्श और गैंगवे को साफ और साफ रखें

डी] डाई और स्कार्फ का प्रयोग न करें

6] पर्सनल प्रोटेक्ट इक्विपमेंट (पीपीई), 'स्लीव्स' का इस्तेमाल ---------- की सुरक्षा के लिए किया जाता है

एक चेहरा

बी] आंखें

सी] कान

<u>डी] हाथ</u>

7] एबीसी का मतलब --------------

ए] स्वचालित श्वास नियंत्रण

बी] स्वचालित रक्त नियंत्रण

<u>सी] वायुमार्गश्वासपरिसंचरण</u>

डी] स्वचालित रक्त परिसंचरण

8] आग और आग बुझाने वाले

fire extingusher Fire Extingusher

अग्निशामक: आग

9] "क्लास बी" की आग को बुझाने के लिए किस प्रकार के अग्निशामक यंत्र का उपयोग किया जाता है ....

<u>ए] शुष्कशक्ति</u>

बी] कार्बन डाइऑक्साइड

सी] पानी की जेट

डी] फोम प्रकार

10] सामान्य आग को बुझाने के लिए किस प्रकार के अग्निशामक यंत्र का उपयोग किया जाता है?

<u>ए] जलप्रकारबुझानेवाला</u>

बी] फोम प्रकार बुझाने वाला

सी] शुष्क रासायनिक पाउडर एक्सटिंगुइशर

डी] कार्बन डाइऑक्साइड (C02] बुझाने वाला)

11] खून बहने की स्थिति में का उपचार करें

डी] ठंडा 3" और आराम

<u>ए] ठंडेपानीकाछिड़कावकरें</u>

बी] तुरंत पट्टी -----।

बी] दुर्घटना विचार उपचार के बारे में पूछताछ

safety workshop safety

12] दुर्घटना की स्थिति में पीड़ित को

ए] आराम करने के लिए कहा

<u>सी] तुरंतभागलिया</u>

डी] उसे छोड़ दो

13] प्राथमिक उपचार किसी घायल या बीमार व्यक्ति को प्राथमिक रूप से दिया जाता है....

ए] जीवन बचाओ

बी] मफ की और गिरावट को रोकें

सी] सर्वोत्तम संभव आराम दें

<u>डी] येसभी</u>

14] बेकार कागज को अलग करने के लिए डिब्बे का रंग कोड है -----

<u>ए] नीलारंग</u>

बी] पीला रंग

सी] लाल रंग

डी] हरा रंग

15] जापानी में Seiko का अर्थ -------------- होता है

<u>ए] शाइन</u>

बी] क्रमबद्ध करें

सी] मानकीकरण

डी] सस्टेनेबल

16] एसएस प्रणाली का लाभ है ------

ए] उत्पादकता में वृद्धि

बी] गुणवत्ता में वृद्धि

सी] समय की बर्बादी में कमी

<u>डी] येसभी</u>

17] सुरक्षा है -----------

ए] किसी का व्यवसाय नहीं

<u>बी] हरबॉडीबिजनेस</u>

सी] कुछ निकायों का व्यवसाय

डी] संगठन व्यवसाय

18] सुरक्षा चिन्हों की बुनियादी श्रेणियों के लिए "निषेध" चिन्ह का अर्थ उपलब्ध है ----

<u>ए] दिखाताहैकियहनहींकियाजानाचाहिए</u>

बी] दिखाता है कि क्या किया जाना चाहिए

सी] खतरे या खतरे की चेतावनी देता है

डी] सुरक्षा प्रावधान की जानकारी देता है

18] एक माइक्रोमीटर (U) बराबर होता है...

ए] 0.1 मिमी

बी] 0.01 मिमी

सी] <u>0.001 मिमी</u>

डी] 0.0001 मिमी

19] एक स्लॉट की चौड़ाई मापने के लिए कैलीपर है...

ए] अजीब पैर कैलिपर

बी] बाहरी कैलिपर

सी] जेनी कैलिपर

डी] <u>कैलिपरकेअंदर</u>

<u>caliper</u> <u>hand tools</u>

कैलिपर

20] डिवाइडर का आकार ----------- द्वारा निर्दिष्ट किया जाता है

ए] पैरों की कुल लंबाई

बी] पूरी तरह से खुलने पर बिंदुओं के बीच की दूरी

सी] बिना बिंदुओं के पैरों की लंबाई

<u>डी] धुरीऔरबिंदुकेबीचकीदूरी</u>

21] डेटम किनारे के समानांतर समानांतर रेखाओं को चिह्नित करने के लिए इस्तेमाल किया जाने वाला उपकरण है -

<u>ए] जेनीकैलिपर</u>

बी] डिवाइडर

सी] बाहरी कैलिपर

डी] कैलिपर के अंदर

22] निम्नलिखित में से कौन सा एक अप्रत्यक्ष माप उपकरण है?

<u>ए] बाहरीकैलिपर</u>

बी] वर्नियर कैलिपर

सी] स्टील नियम

डी] बाहरी माइक्रोमीटर

23] पतली टयूबिंग काटने के लिए, हैक्सॉ ब्लेड की सबसे उपयुक्त पिच है...

ए] 1.8 मिमी

बी] 1.4 मिमी

सी] 1 मिमी

डी] <u>0.8 मिमी</u>

24] ठोस पीतल काटने के लिए, हैक्सॉ ब्लेड की सबसे उपयुक्त पिच है...

ए] <u>1.8 मिमी</u>

बी] 1.4 मिमी

सी] 1 मिमी

डी] 0.8 मिमी

hacksaw Hacksaw Frame Blade

हक्सॉ फ्रेम

25] एक नया हैक्सॉ ब्लेड कुछ स्ट्रोक के बाद ढीला हो जाता है क्योंकि...

ए] <u>ब्लेडकाखिंचाव</u>

बी] विंग-अखरोट के धागे खराब हो रहे हैं

सी] ब्लेड की गलत पिच

डी] आरी के सेट का अनुचित चयन।

26] छोटे व्यास के पाइपों को काटते समय नियमित रूप से देखने और यह सुनिश्चित करने की सलाह दी जाती है कि...

ए] कट घुमावदार रेखा के साथ है

बी] अधिकदेखादांतअनुबंधमेंहैं

सी] काम ज़्यादा गरम नहीं है

डी] हैकसॉ का उचित संतुलन बनाए रखा जाता है

27] वाइस क्लैम्प का उपयोग किया जाता है ...

ए] कठोर जबड़े की रक्षा करें

बी] काम के टुकड़ों को सख्ती से जकड़ें

सी] तैयारसतहोंकीरक्षाकरें

डी] जंगम जबड़े को दाखिल होने से रोकें

28] अंकन के दौरान संदर्भ सतह द्वारा प्रदान की जाती है ...

ए] भूतल गेज

बी] वर्कपीस

सी] काम का चित्रण

डी] तालिकाकीसतहकोचिह्नितकरना

29] एक इंजीनियर के वाइस का आकार किसके द्वारा निर्दिष्ट किया जाता है...

ए] जंगम जबड़े की लंबाई

बी] जबड़ेकीचौड़ाई

सी] वाइस की ऊंचाई

D] जबड़ों का अधिकतम खुलना

30] यूनिवर्सल सरफेस गेज का वह भाग जो एक डेटम एज के साथ समानांतर रेखा खींचने में मदद करता है, वह है ..

ए] रॉकर आर्म

बी] सुखद

सी] ठीक समायोजन पेंच

डी] गाइडपिन

universal surface gauge

Surface Gauge

यूनिवर्सल सरफेस गेज

31] स्क्राइबर किससे बने होते हैं...

ए] माइल्ड स्टील

बी] उच्चकार्बनस्टील

सी] पीतल

डी] कच्चा लोहा

32] हथौड़े के हैंडल को ठीक करने के लिए इस्तेमाल किया जाने वाला हिस्सा है...

एक चेहरा

बी] पीन

सी] गाल

डी] आँखकाछेद

33] अंकन के उद्देश्य के लिए हथौड़े का वजन है...

ए] 250g

बी] 500g

सी] 1 किलो

डी] 2 किग्रा

hammer Hammers

हथौड़ा

34] डिवाइडर का आकार किसके द्वारा निर्दिष्ट किया जाता है...

ए] पैरों की कुल लंबाई

बी] पूरी तरह से खुलने पर बिंदुओं के बीच की दूरी

सी] बिंदुओं के बिना पैरों की लंबाई

डी] धुरीऔरबिंदुकेबीचकीदूरी

35] 'वी' ब्लॉक के खांचे का सम्मिलित कोण हमेशा होता है....

ए] 45◦

बी] 60◦

सी] 90◦

डी] 120◦

36] 'वी' ब्लॉक ग्रेड में उपलब्ध हैं ...

ए] एऔरबी

बी] ए, बी और सी

सी] 1,2 और 3

डी] 1 और 2

37] ग्रेड 'बी' के 'वी' ब्लॉक के बने होते हैं

ए] कच्चालोहा

बी] हल्के स्टील

सी] स्टील

डी] कास्ट स्टील

38] केंद्र का पता लगाने के लिए इस्तेमाल किए जाने वाले पंच का नाम बताइए।

A] प्रिक पंच 30°

B] प्रिक पंच 60°

सी] केंद्रपंच

डी] डॉट पंच

Centre punch 1 Punches

केंद्र पंच

39] सेंटर पंच का पॉइंट एंगल -------- होता है

ए] 30 डिग्री

बी] 50 डिग्री

सी] 900

डी] 1200

40] पंचों का उपयोग किसी भी आकार के ---------- बनाने के लिए किया जाता है

ए] छेद

बी] खनन

सी] नूरलिंग

सपना देखना

41] आम तौर पर वाइस के हैंडल की लंबाई ---------- होती है

ए] वाइस के सामान्य आकार का 1.5 गुना

बी] वाइसकेसामान्यआकारका 2.5 गुना

सी] वाइस के सामान्य आकार का 3.5 गुना

डी] वाइस के सामान्य आकार का 4.5 गुना

bench vice Bench Vice

बेंच वाइस

42] बेंच वाइस स्पिंडल .... का बना होता है।

ए] माइल्डस्टील

बी] कच्चा लोहा

सी] टूल स्टील

डी] कांस्य

43] फाइलों की उत्तलता मदद करती है...

ए] अवतल सतहों को फाइल करने के लिए

बी] उत्तल सतहों को फाइल करने के लिए

सी] कामकेकिनारोंकोगोलकरनेसेरोकनेकेलिए

D] दबाव डालने पर फाइल सीधी हो जाती है

files 1 Files

फ़ाइलें

44] लकड़ी, चमड़ा और अन्य नरम सामग्री भरने के लिए किस फाइल का उपयोग किया जाता है? .

ए] सिंगल कट फाइल

बी] डबल कट फ़ाइल

सी] रास्पकटफ़ाइल

डी] घुमावदार कट फ़ाइल

45] प्रयुक्त फाइल का प्रयोग ------------ के लिए किया जाता है

ए] काम के टुकड़े की सफाई

सी] फ़ाइल दांतों का नवीनीकरण

बी] फाइलदांतोंकीसफाई

डी] चिप्स की सफाई

46] फाइल कार्ड का उपयोग -------- के लिए किया जाता है

ए] काम के टुकड़े को साफ करें

सी] फ़ाइल दांत नवीनीकृत करें

बी] फाइलदांतसाफकरें

47] स्क्राइबर का बिंदु कोण ----------- है
ए] 30 डिग्री
बी] 60 डिग्री
सी] 5° से 10°
डी] 12° से 15°
48] कच्चा लोहा काटने के लिए काटने का कोण है...
ए] 37.5◦
बी] 55◦
सी] 60◦
डी] 90◦

chisel hand tools

49] छेनी सामग्री में खोदेगी जब...
ए] रेक कोण अधिक है
बी] निकासी कोण बहुत कम है
सी] झुकावकाकोणअधिकहै
डी] झुकाव का कोण बहुत कम है
50] अत्याधुनिक को थोड़ा उत्तलता दी जाती है...
ए] घुमावदार सतहों को काटें
बी] तेज कोनों को काटें
सी] सिरोंकीखुदाईरोकें
डी] स्नेहक को प्रवेश करने दें
51] सरफेस प्लेट्स किससे बनी होती हैं...
ए] उच्च ग्रेड कास्ट स्टील
बी] महीनदानेवालाकच्चालोहा
सी] मिश्र धातु स्टील्स
डी] गढ़ा लोहा

Surface plates hand tools

52] सतह की प्लेटें उनकी लंबाई और चौड़ाई से निर्दिष्ट होती हैं और में होती हैं
ए] डेसीमीटर
बी] घन मीटर
सी] बेलनाकार
53] एंगल प्लेट के बिना मशीनी हिस्से पर पसलियों को दिया जाता है...
ए] आसान हैंडलिंग
बी] निर्माण में सुविधा
सी] मशीनों पर सेट करते समय क्लैंपिंग
डी] कठोरताऔरविरूपणकोरोकनेकेलिए
54] एंगल प्लेट पर स्लॉट किसके लिए दिए गए हैं...
ए] वजन कम करना
बी] काम को संरेखित करना
सी] हुक का उपयोग करके उठाना
डी] समायोजितबोल्ट।
55] कोण प्लेटों के आकार द्वारा कहा गया है...
भार
बी] लंबाई
सी] लंबाई x चौड़ाई
डी] आकारसंख्या
1. शक्ति का SI मात्रक है
(ए) हेनरी
(बी) कूलम्ब
(सी) वाट
(डी) वाट-घंटा
2. विद्युत दाब को भी कहते हैं
(ए) प्रतिरोध
(बी) शक्ति
(सी) वोल्टेज
(डी) ऊर्जा

3. वे पदार्थ जिनमें बड़ी संख्या में मुक्त इलेक्ट्रॉन होते हैं और कम प्रदान करते हैं प्रतिरोध कहा जाता है
(ए) इन्सुलेटर
(बी) प्रेरक
(सी) अर्ध-चालक
(डी) कंडक्टर
4. निम्नलिखित में से कौन खराब कंडक्टर नहीं है?
(ए) कच्चा लोहा
(बी) कॉपर
(सी) कार्बन
(डी) टंगस्टन
5. निम्नलिखित में से कौन एक इन्सुलेट सामग्री है?
(ए) कॉपर
(बी) सोना
(सी) चांदी
(डी) पेपर
6. किसी चालक का वह गुण जिसके कारण वह धारा प्रवाहित करता है, कहलाता है
(ए) प्रतिरोध
(बी) अनिच्छा
(सी) चालन
(डी) अधिष्ठापन
7. चालकता का पारस्परिक है
(ए) प्रतिरोध
(बी) अधिष्ठापन
(सी) अनिच्छा
(डी) समाई
8. किसी चालक का प्रतिरोध व्युत्क्रमानुपाती होता है:
(ए) लंबाई
(बी) क्रॉस-सेक्शनकाक्षेत्र
(सी) तापमान
(डी) प्रतिरोधकता
9. तापमान में वृद्धि के साथ शुद्ध धातुओं का प्रतिरोध
(ए) बढ़ताहै
(बी) घटता है

(सी) पहले बढ़ता है और फिर घटता है

(डी) स्थिर रहता है

10. तापमान में वृद्धि के साथ अर्धचालकों का प्रतिरोध

(ए) घटताहै

(बी) बढ़ता है

(सी) पहले बढ़ता है और फिर घटता है

(डी) स्थिर रहता है

11. 200 मीटर लंबे तांबे के तार का प्रतिरोध 21 है। यदि इसकी मोटाई (व्यास) 0.44 मिमी है, इसका विशिष्ट प्रतिरोध लगभग है

(ए) 1.2 x 10 ~ 8 क्यूएम

(बी) 1.4 x 10 ~ 8 क्यूएम

(सी) 1.6 x 10″”8 क्यूएम

(डी) 1.8 x 10″8 क्यूएम

13. विद्युत धारा का पता लगाने वाले उपकरण को कहा जाता है

(ए) वाल्टमीटर

(बी) रिओस्तात

(सी) वाटमीटर

(डी) गैल्वेनोमीटर

14. एक परिपथ में एक 33 Q रोकनेवाला 2 A की धारा वहन करता है। प्रतिरोधक के आर-पार वोल्टेज है

(ए) 33 वी

(बी) 66 वी

(सी) 80 वी

(डी) 132 वी

15. एक प्रकाश बल्ब 300 mA खींचता है जब उसके आर-पार वोल्टेज 240 V होता है। प्रकाश बल्ब का प्रतिरोध होता है

(ए) 400 क्यू

(बी) 600 क्यू

(सी) 800 क्यू

(डी) 1000 क्यू

16. दो शाखाओं वाले समानांतर परिपथ का प्रतिरोध 12 ओम है। यदि एक शाखा का प्रतिरोध 18 ओम है, तो दूसरी शाखा का प्रतिरोध क्या है?

(ए) 18 क्यू

(बी) 36 क्यू

(सी) 48 क्यू

(डी) 64 क्यू

17. समान सामग्री के चार तार, समान अनुप्रस्थ काट का क्षेत्रफल और समान लंबाई के समानांतर में जुड़े होने पर 0.25 Q का प्रतिरोध देते हैं। यदि समान चार तारों को श्रृंखला में जोड़ा जाता है तो प्रभावी प्रतिरोध होगा

(ए) 1 क्यू

(बी) 2 क्यू

(सी) 3 क्यू

(डी) 4 क्यू

18. 16 एम्पियर की धारा दो शाखाओं के बीच क्रमशः 8 ओम और 12 ओम प्रतिरोधों के समानांतर विभाजित होती है। प्रत्येक शाखा में करंट है

(ए) 6.4 ए, 6.9 ए

(बी) 6.4 ए, 9.6 ए

(सी) 4.6 ए, 6.9 ए

(डी) 4.6 ए, 9.6 ए

19. तांबे के कंडक्टर के माध्यम से वर्तमान वेग है

(ए) विद्युत ऊर्जा के प्रसार वेग के समान

(बी) वर्तमान ताकत से स्वतंत्र

(सी) कुछ ^.s/m . केक्रमके

(डी) लगभग 3 x 108 मी/से

20. निम्नलिखित में से किस सामग्री में प्रतिरोध का लगभग शून्य तापमान गुणांक है?

(ए) मैंगनीन

(बी) चीनी मिट्टी के बरतन

(सी) कार्बन

(डी) कॉपर

21. आपको रेडियो में 1500 क्यू रेसिस्टर को बदलना होगा। आपके पास 1500 क्यू रोकनेवाला नहीं है, लेकिन कई 1000 क्यू हैं जिन्हें आप कनेक्ट करेंगे

(ए) समानांतर में दो

(बी) समानांतरमेंदोऔरश्रृंखलामेंएक

(सी) समानांतर में तीन

(डी) श्रृंखला में तीन

22. दो प्रतिरोधकों को श्रेणीक्रम में संयोजित कहा जाता है, जब

(ए) एकहीवर्तमानदोनोंकेमाध्यमसेबारी-बारीसेगुजरताहै

(बी) दोनों वर्तमान का एक ही मूल्य ले जाते हैं

(सी) कुल धारा शाखा धाराओं के योग के बराबर होती है

(डी) आईआर बूंदों का योग लागू ईएमएफ के बराबर होता है

23. निम्नलिखित में से कौन सा कथन एक श्रृंखला और एक समानांतर डीसी सर्किट दोनों के लिए सही है?

(ए) तत्वों में अलग-अलग धाराएं होती हैं

(बी) धाराएं योगात्मक हैं

(सी) वोल्टेज योजक हैं

(डी) पावरएडिटिवहैं

24. निम्नलिखित में से किस सामग्री में प्रतिरोध का नकारात्मक तापमान गुणांक है?

(ए) कॉपर

(बी) एल्यूमिनियम

(सी) कार्बन

(डी) पीतल

25. ओम का नियम लागू नहीं होता

(ए) वैक्यूमट्यूब

(बी) कार्बन प्रतिरोधी

(सी) उच्च वोल्टेज सर्किट

(डी) कम वर्तमान घनत्व वाले सर्किट

26. बिजली का सबसे अच्छा कंडक्टर कौन सा है?

(ए) लोहा

(बी) चांदी

(सी) कॉपर

(डी) कार्बन

27. निम्नलिखित में से किसके लिए 'एम्पीयर सेकेंड' इकाई हो सकती है?

(ए) अनिच्छा

(बी) चार्ज

(सी) पावर

(डी) ऊर्जा

28. निम्नलिखित में से सभी वाट के तुल्य हैं सिवाय

(ए) (एम्पीयर) ओम

(बी) जूल/सेकंड।

(सी) एम्पीयर एक्स वोल्ट

(डी) एम्पीयर / वोल्ट

29. 10 ओम, 10 W रेटिंग वाले प्रतिरोध के a . होने की संभावना है

(ए) धातु प्रतिरोधी
(बी) कार्बन प्रतिरोधी
(सी) तारघावप्रतिरोधी
(डी) परिवर्तनीय प्रतिरोधी

30. निम्नलिखित में से किसमें ऋणात्मक ताप गुणांक नहीं है ?
(ए) एल्यूमिनियम
(बी) पेपर
(सी) रबड़
(डी) मीका

31. Varistors हैं
(ए) इन्सुलेटर
(6) अरैखिकप्रतिरोधक
(सी) कार्बन प्रतिरोधी
(डी) शून्य तापमान गुणांक वाले प्रतिरोधी

32. इन्सुलेट सामग्री का कार्य है
(ए) तारों के संचालन के बीच शॉर्ट सर्किट को रोकना
(बी) वोल्टेजस्रोतऔरलोडकेबीचएकखुलेसर्किटकोरोकना
(सी) बहुत बड़ी धाराओं का संचालन
(डी) बहुत अधिक धाराओं का भंडारण

33. फ्यूज तार की रेटिंग हमेशा व्यक्त की जाती है
(ए) एम्पीयर-घंटे
(बी) एम्पीयर-वोल्ट
(सी) केडब्ल्यूएच
(डी) एम्पीयर

34. एक आयन पर न्यूनतम आवेश होता है
(ए) परमाणु की परमाणु संख्या के बराबर
(बी) एकइलेक्ट्रॉनकेप्रभारकेबराबर
(c) एक परमाणु में इलेक्ट्रॉनों की संख्या के आवेश के बराबर (#) शून्य

35. असमान प्रतिरोध वाले श्रेणी परिपथ में
(ए) उच्चतम प्रतिरोध में इसके माध्यम से सबसे अधिक धारा होती है
(बी) सबसे कम प्रतिरोध में उच्चतम वोल्टेज ड्रॉप होता है
(सी) सबसे कम प्रतिरोध में उच्चतम वर्तमान है
(डी) उच्चतमप्रतिरोधमेंउच्चतमवोल्टेजड्रॉपहोताहै

36. बिजली के बल्ब का फिलामेंट बना होता है

(ए) कार्बन

(बी) एल्यूमीनियम

(सी) टंगस्टन

(डी) निकल

37. एक 3 क्यू रोकनेवाला जिसमें 2 ए करंट होता है, की शक्ति को समाप्त कर देगा

(ए) 2 वाट

(बी) 4 वाट

(सी) <u>6 वाट</u>

(डी) 8 वाट

38. निम्नलिखित में से कौन सा कथन सत्य है?

(ए) समानांतर में कम प्रतिरोध वाला गैल्वेनोमीटर एक वोल्टमीटर है

(बी) समानांतर में उच्च प्रतिरोध वाला गैल्वेनोमीटर एक वोल्टमीटर है

(सी) <u>श्रृंखलामेंएकगैल्वेनोमीटरप्रतिरोधनिम्नकेसाथएकएमीटरहै</u>

(डी) श्रृंखला में उच्च प्रतिरोध वाला गैल्वेनोमीटर एक एमीटर है

39. बंद विद्युत परिपथ में तार कंडक्टर के कुछ मीटर का प्रतिरोध है

(ए) <u>व्यावहारिकरूपसेशून्य</u>

(फुंक मारा

(सी) उच्च

(डी) बहुत अधिक

40. यदि मेन लाइन में एक समानांतर सर्किट खोला जाता है, तो करंट

(ए) सबसे कम प्रतिरोध की शाखा में बढ़ता है

(बी) प्रत्येक शाखा में बढ़ता है

(सी) <u>सभीशाखाओंमेंशून्यहै</u>

(डी) उच्चतम प्रतिरोधी शाखा में शून्य है

41. यदि 0.2 ओम प्रतिरोध वाले तार के चालक की लंबाई दोगुनी कर दी जाए, तो उसका प्रतिरोध हो जाता है

(ए) <u>0.4 ओम</u>

(बी) 0.6 ओम

(सी) 0.8 ओम

(डी) 1.0 ओम

42. 60 वोल्ट की विद्युत लाइन के आर-पार तीन 60 वाट के बल्ब समानांतर में हैं। अगर एक बल्ब खुला जलता है

(ए) मुख्य लाइन में भारी धारा होगी

(बी) शेष दो बल्ब नहीं जलेंगे

(c) तीनों बल्ब जलेंगे

(डी) अन्यदोबल्बप्रकाशकरेंगे

43. 40 W के चार बल्ब श्रृंखला में जुड़े हुए हैं, उनके बीच एक बैटरी तेज है, निम्नलिखित में से कौन सा कथन सत्य है?

(ए) एक हीमेंप्रत्येकबल्बकेमाध्यमसेवर्तमान

(बी) प्रत्येक बल्ब में वोल्टेज समान नहीं है

(सी) प्रत्येक बल्ब में बिजली अपव्यय समान नहीं है

(डी) उपरोक्त में से कोई नहीं

44. दो प्रतिरोध Rl और Ri श्रृंखला में वोल्टेज स्रोत में जुड़े हुए हैं जहां Rl>Ri। सबसे बड़ी गिरावट पार होगी

(ए) आरएलई

(बी) री

(सी) या तो आरएल या री

(डी) उनमें से कोई नहीं

46. एक बंद स्विच में का प्रतिरोध होता है

(ए) शून्य

(बी) लगभग 50 ओम

(सी) लगभग 500 ओम

(डी) अनंत

47. बल्ब के फिलामेंट का गर्म प्रतिरोध उसके ठंडे प्रतिरोध से अधिक है क्योंकि फिलामेंट का तापमान गुणांक है

(ए) शून्य

(बी) नकारात्मक

(सी) सकारात्मक

(डी) लगभग 2 ओम प्रति डिग्री

49. करंट ले जाने वाले कंडक्टर पर इंसुलेशन प्रदान किया जाता है

(ए) वर्तमान के रिसाव को रोकने के लिए

(बी) सदमे को रोकने के लिए

(सी) उपरोक्तदोनोंकारक

(डी) उपरोक्त कारकों में से कोई नहीं

50. कंडक्टर पर प्रदान किए गए इन्सुलेशन की मोटाई निर्भर करती है

(ए) कंडक्टरपरवोल्टेजकापरिमाण

(बी) इसके माध्यम से बहने वाली धारा का परिमाण

(सी) दोनों (ए) और (बी)

(डी) उपरोक्त में से कोई नहीं

51. निम्नलिखित में से कौन सी मात्रा एक श्रृंखला सर्किट के सभी भागों में समान रहती है?

(ए) वोल्टेज

(बी) वर्तमान

(सी) पावर

(डी) प्रतिरोध

52. एक 40 W बल्ब को एक रूम हीटर के साथ श्रेणीक्रम में जोड़ा गया है। यदि अब 40 वाट के बल्ब को 100 वाट के बल्ब से बदल दिया जाए, तो हीटर का उत्पादन होगा

(कमी होना

(बी) वृद्धि

(सी) वही रहें

(डी) हीटर जल जाएगा

53. एक इलेक्ट्रिक केतली में पानी 10 मीटर मिनट में उबलता है। बॉयलर को 15 मिनट में उबालना आवश्यक है, उसी आपूर्ति साधन का उपयोग करके

(ए) हीटिंगतत्वकीलंबाईकमकीजानीचाहिए

(बी) हीटिंग तत्व की लंबाई बढ़ाई जानी चाहिए

(सी) हीटिंग तत्व की लंबाई का पानी पर हीटिंग पर कोई प्रभाव नहीं पड़ता है

(डी) उपरोक्त में से कोई नहीं

54. एक विद्युत फिलामेंट बल्ब से काम किया जा सकता है

(ए) डीसी आपूर्ति केवल

(बी) एसी आपूर्ति केवल

(सी) केवल बैटरी की आपूर्ति

(डी) उपरोक्तसभी

55. लागू वोल्टेज बढ़ने पर टंगस्टन लैंप का प्रतिरोध

(ए) घटता है

(बी) बढ़ताहै

(सी) वही रहता है

(डी) उपरोक्त में से कोई नहीं

56. परिपथ से गुजरने वाली विद्युत धारा उत्पन्न करती है

(ए) चुंबकीय प्रभाव

(बी) चमकदार प्रभाव

(सी) थर्मलप्रभाव

(डी) रासायनिक प्रभाव

(ई) सभी उपरोक्त प्रभाव

57. किसी पदार्थ का प्रतिरोध हमेशा घटता है यदि

(ए) सामग्री का तापमान कम हो जाता है

(6) सामग्री का तापमान बढ़ जाता है

(सी) उपलब्ध मुक्त इलेक्ट्रॉनों की संख्या अधिक हो जाती है

(डी) उपरोक्त में से कोई भी सही नहीं है

58. यदि किसी मशीन की दक्षता अधिक हो तो निम्न क्या होना चाहिए ?

(ए) इनपुट पावर

(बी) नुकसान

(सी) शक्ति का सही घटक

(डी) किलोवाट खपत

(ई) आउटपुट से इनपुट का अनुपात

59. जब किसी धात्विक चालक से विद्युत धारा प्रवाहित होती है तो उसका ताप बढ़ जाता है। इसका कारण है

(ए) चालनइलेक्ट्रॉनोंऔरपरमाणुओंकेबीचटकराव

(बी) मूल परमाणुओं से चालन इलेक्ट्रॉनों की रिहाई

(सी) धातु परमाणुओं के बीच आपसी टकराव

(डी) इलेक्ट्रॉनों के संचालन के बीच पारस्परिक टकराव

60. 250 वोल्ट पर रेटेड 500 डब्ल्यू और 200 डब्ल्यू के दो बल्बों का प्रतिरोध अनुपात होगा:

(ए) 4: 25

(बी) 25: 4

(सी) 2: 5

(डी) 5: 2

61. एक कांच की छड़ को रेशमी कपड़े से रगड़ने पर आवेशित होता है क्योंकि

(ए) यह प्रोटॉन में लेता है

(बी) इसके परमाणु हटा दिए जाते हैं

(सी) यहइलेक्ट्रॉनोंकोदूरकरताहै

(डी) यह सकारात्मक चार्ज देता है

62. क्या सर्किट एसी हो सकता है। या डीसी वन, निम्नलिखित में सबसे प्रभावी है
वर्तमान के परिमाण को कम करना।

(ए) रिएक्टर

(बी) संधारित्र

(सी) प्रारंभ करनेवाला

(डी) प्रतिरोधी

63. इसे हटाना अधिक कठिन हो जाता है

(ए) कक्षा से कोई भी इलेक्ट्रॉन

(6) कक्षा से पहला इलेक्ट्रॉन

(सी) कक्षा से दूसरा इलेक्ट्रॉन

(डी) कक्षासेतीसराइलेक्ट्रॉन

64. जब समानांतर परिपथ का एक पैर खोला जाता है तो कुल धारा वसीयत होगी

(ए) कम करें

(बी) वृद्धि

(सी) कमी

(डी) शून्य बनो

65. एक लैम्प लोड में जब कुल प्रतिरोध पर एक से अधिक लैम्प स्विच किए जाते हैं भार का

(ए) बढ़ता है

(बी) घटताहै

(सी) वही रहता है

(डी) उपरोक्त में से कोई नहीं

66. दो लैंप 100 W और 40 W 230 V . के आर-पार श्रृंखला में जुड़े हुए हैं (वैकल्पिक)।

निम्नलिखित में से कौन सा कथन सही है?

(ए) 100 डब्ल्यू लैंप तेज चमकेगा

(बी) 40 डब्ल्यूलैंपतेजचमकेंगे

(सी) दोनों दीपक समान रूप से उज्ज्वल चमकेंगे

(डी) 40 डब्ल्यू दीपक फ्यूज हो जाएगा

67. 220 V, 100 W लैम्प का प्रतिरोध होगा

(ए) 4.84 क्यू

(बी) 48.4 क्यू

(सी) 484 फीट

(डी) 4840 क्यू

68. प्रत्यक्ष धारा के मामले में

(ए) वर्तमानकीपरिमाणऔरदिशास्थिररहतीहै

(बी) समय के साथ वर्तमान परिवर्तनों की परिमाण और दिशा

(सी) समय के साथ वर्तमान परिवर्तनों का परिमाण

(डी) वर्तमान का परिमाण स्थिर रहता है

69. जब विद्युत धारा पानी से भरी बाल्टी से गुजरती है, तो बहुत अधिक बुदबुदाहट होती है

देखा। इससे पता चलता है कि आपूर्ति का प्रकार है

(ए) एसी

(बी) डीसी

(सी) उपरोक्त दो में से कोई भी

(डी) उपरोक्त में से कोई नहीं

70. लागू वोल्टेज बढ़ने पर कार्बन फिलामेंट लैंप का प्रतिरोध।

(ए) बढ़ता है

(बी) घटताहै

(सी) वही रहता है

(डी) उपरोक्त में से कोई नहीं

71. स्ट्रीट लाइटिंग में बल्ब सभी जुड़े हुए हैं

(ए) समानांतर

(बी) श्रृंखला

(सी) श्रृंखला-समानांतर

(डी) एंड-टू-एंड

72. परीक्षण उपकरणों के लिए, परीक्षण लैंप की वाट क्षमता होनी चाहिए

(ए) बहुत कम

(फुंक मारा

(सी) उच्च

(डी) कोई मूल्य

73. घर में दीपक जलाने से रेडियो में ध्वनि उत्पन्न होती है। ऐसा इसलिए है क्योंकि स्विचिंग ऑपरेशन उत्पन्न करता है

(ए) संपर्कोंकोअलगकरनेमेंचाप

(बी) उच्च तीव्रता का यांत्रिक शोर

(सी) संपर्कों के बीच यांत्रिक शोर और चाप दोनों

(डी) उपरोक्त में से कोई नहीं

74. स्पार्किंग तब होती है जब एक लोड बंद हो जाता है क्योंकि सर्किट उच्च होता है

(ए) प्रतिरोध

(बी) अधिष्ठापन

(सी) समाई

(डी) प्रतिबाधा

75. निश्चित लंबाई और प्रतिरोध के तांबे के तार को तीन गुना तक खींचा जाता है

लंबाई में परिवर्तन के बिना तार का नया प्रतिरोध बन जाता है

(ए) 1/9 बार

(बी) 3 बार

(सी) 9 बार

(डी) अपरिवर्तित

76. जब एक हीटर का प्रतिरोध तत्व फ्यूज हो जाता है और फिर हम उसके एक हिस्से को हटाकर इसे फिर से जोड़ देते हैं, तो हीटर की शक्ति होगी

(कमी होना

(बी) वृद्धि

(सी) स्थिर रहो

(डी) उपरोक्त में से कोई नहीं

77. बल का एक क्षेत्र केवल के बीच मौजूद हो सकता है

(ए) दो अणु

(बी) दोआयन

(सी) दो परमाणु

(डी) दो धातु कण

78. एक पदार्थ जिसके अणुओं में असमान परमाणु होते हैं, कहलाते हैं

(ए) अर्ध-कंडक्टर

(बी) सुपर-कंडक्टो

(सी) यौगिक

(डी) इन्सुलेटर

79. अंतर्राष्ट्रीय ओम को के प्रतिरोध के रूप में परिभाषित किया गया है

(ए) पाराकाएकस्तंभ

(बी) कार्बन का एक घन

(सी) तांबे का घन

(डी) तार की इकाई लंबाई

80. तीन समान प्रतिरोधक पहले समानांतर में और फिर श्रृंखला में जुड़े हुए हैं। पहले संयोजन का दूसरे संयोजन का परिणामी प्रतिरोध होगा

(ए) 9 गुना

(बी) 1/9 बार

(सी) 1/3 बार

(डी) 3 बार

91. प्रतिरोधों के पूर्ण माप के लिए किस विधि का उपयोग किया जा सकता है?

(ए) लोरेंत्ज़ विधि

(बी) रिले विधि

(सी) ओम की कानून विधि

(डी) <u>व्हीटस्टोनब्रिजविधि</u>

92. त्रिभुज बनाने के लिए तीन 6 ओम प्रतिरोधक जुड़े हुए हैं। किन्हीं दो कोनों के बीच प्रतिरोध क्या है?

(ए) 3/2 क्यू

(बी 6 क्यू

(सी) <u>4 क्यू</u>

(डी) 8/3 क्यू

93. ओम का नियम लागू नहीं होता

(ए) <u>अर्ध-चालक</u>

(बी) डीसी सर्किट

(सी) छोटे प्रतिरोधी

(डी) उच्च धाराएं

94. दो तांबे के कंडक्टरों की लंबाई समान होती है। एक कंडक्टर का क्रॉस-सेक्शनल क्षेत्र दूसरे के चार गुना है। यदि छोटे अनुप्रस्थ काट वाले कंडक्टर का प्रतिरोध 40 ओम है तो अन्य कंडक्टर का प्रतिरोध होगा

(ए) 160 ओम

(बी) 80 ओम

(सी) 20 ओम

(डी) <u>10 ओम</u>

95. हीटर कॉइल के रूप में उपयोग किए जाने वाले नाइक्रोम तार में 2 £2/m का प्रतिरोध होता है। 200 वोल्ट पर 1 किलोवाट के हीटर के लिए आवश्यक तार की लंबाई होगी

(ए) <u>80 एम</u>

(बी) 60 एम

(सी) 40 एम

(डी) 20 एम

96. प्रतिरोध का तापमान गुणांक के रूप में व्यक्त किया जाता है

(ए) ओम/डिग्री सेल्सियस

(बी) एमएचओएस/ओम डिग्री सेल्सियस

(सी) <u>ओम/ओमडिग्रीसेल्सियस</u>

98. जब हीटर कॉइल से करंट प्रवाहित होता है तो यह चमकता है लेकिन आपूर्ति तारों में चमक नहीं होती है क्योंकि

(ए) आपूर्ति लाइन के माध्यम से प्रवाह धीमी गति से बहता है

(बी) आपूर्ति तारों को इन्सुलेशन परत के साथ कवर किया गया है

(सी) <u>हीटरकॉइलकाप्रतिरोधआपूर्तितारोंसेअधिकहै</u>

(डी) आपूर्ति तार बेहतर सामग्री से बने होते हैं

99. ओम के नियम के तहत वैधता की शर्त यह है कि

(ए) <u>प्रतिरोधएकसमानहोनाचाहिए</u>

(बी) वर्तमान प्रतिरोध के आकार के समानुपाती होना चाहिए

(सी) प्रतिरोध तार घाव प्रकार होना चाहिए

(डी) सकारात्मक छोर पर तापमान नकारात्मक छोर पर तापमान से अधिक होना चाहिए

100. निम्नलिखित में से कौन सा कथन सही है?

(ए) <u>एकअर्ध-चालकएकसामग्रीहैजिसकीचालकताएककंडक्टरऔरएकइन्सुलेटरकेबीचसमानहोतीहै</u>

(बी) एक अर्ध-चालक एक ऐसी सामग्री है जिसमें चालकता होती है जिसमें धातु और इन्सुलेटर की चालकता का औसत मूल्य होता है

(सी) एक अर्ध-कंडक्टर वह होता है जो लागू वोल्टेज का केवल आधा हिस्सा होता है

(डी) एक सेमी-कंडक्टर सामग्री और इन्सुलेटर के संचालन की वैकल्पिक परतों से बना एक सामग्री है

101. एक रिओस्तात पोटेंशियोमीटर से इस संबंध में भिन्न होता है कि यह

(ए) कम वाट क्षमता रेटिंग है

(बी) <u>उच्चवाटक्षमतारेटिंगहै</u>

(सी) बड़ी संख्या में मोड़ हैं

(डी) बड़ी संख्या में टैपिंग प्रदान करता है

102। समान विद्युत प्रतिरोध के लिए समान क्रॉस-सेक्शन के तांबे के कंडक्टर की तुलना में एक एल्यूमीनियम कंडक्टर का वजन है

(ए) <u>50%</u>

(बी) 60%

(सी) 100%

(डी) 150%

103. एक खुला रोकनेवाला, जब ओम-मीटर से जाँचा जाता है, तो पढ़ता है

(ए) शून्य

(बी) <u>अनंत</u>

(सी) उच्च लेकिन सहनशीलता के भीतर

(डी) कम लेकिन शून्य नहीं

104. अधिकांश धातुओं की तुलना में विद्युत चालकता वाली सामग्री बहुत कम होती है लेकिन सामान्य इन्सुलेटर की तुलना में बहुत अधिक होती है।

(ए) Varistors

(बी) थर्मिस्टर

(सी) सेमी-कंडक्टर

(डी) परिवर्तनीय प्रतिरोधी

105. सभी अच्छे कंडक्टरों में उच्च होता है

(ए) चालन

(बी) प्रतिरोध

(सी) अनिच्छा

(डी) तापीय चालकता

106. वोल्टेज पर निर्भर प्रतिरोधक आमतौर पर से बने होते हैं

(ए) लकड़ी का कोयला

(बी) सिलिकॉन कार्बाइड

(सी) निक्रोम

(डी) ग्रेफाइट

107. वोल्टेज पर निर्भर प्रतिरोधों का उपयोग किया जाता है

(ए) आगमनात्मक सर्किट के लिए

(बी) उछालकोदबानेकेलिए

(सी) हीटिंग तत्वों के रूप में

(डी) वर्तमान स्टेबलाइजर्स के रूप में

108. प्रोटॉन के द्रव्यमान और इलेक्ट्रॉन के द्रव्यमान का अनुपात लगभग है

(ए) 1840

(बी) 1840

(सी) 30

(डी) 4

109. कार्बन परमाणु की सबसे बाहरी कक्षा में इलेक्ट्रॉनों की संख्या है

(ए) 3

(बी) 4

(सी) 6

(डी) 7

110. समानांतर में जुड़े तीन प्रतिरोधों के साथ, यदि प्रत्येक 20 W को नष्ट कर देता है तो वोल्टेज स्रोत द्वारा आपूर्ति की गई कुल शक्ति बराबर होती है

(ए) 10 डब्ल्यू

(बी) 20 डब्ल्यू
(सी) 40 डब्ल्यू
(डी) 60 डब्ल्यू

111. एक थर्मिस्टर में होता है
(ए) सकारात्मक तापमान गुणांक
(बी) नकारात्मक तापमान गुणांक
(सी) शून्यतापमानगुणांक
(डी) परिवर्तनीय तापमान गुणांक

112. यदि/, R और t क्रमशः धारा, प्रतिरोध और समय हैं, तो तदनुसार जूल के नियम के अनुसार उत्पादित ऊष्मा के समानुपाती होगी
(ए) I2Rt
(बी) I2Rf
(सी) I2R2t
(डी) आई2आर2टी*

113. नाइक्रोम तार किसका मिश्रधातु है?
(ए) सीसा और जस्ता
(बी) क्रोमियम और वैनेडियम
(सी) निकलऔरक्रोमियम
(डी) तांबा और चांदी

114. जब एक वोल्ट का वोल्टेज लगाया जाता है, तो एक सर्किट एक माइक्रो एम्पीयर करंट प्रवाहित होने देता है। सर्किट का संचालन है
(ए) 1 एन-महो
(बी) 106 एमएचओ
(सी) 1 मिली-महो
(डी) उपरोक्त में से कोई नहीं

115. निम्नलिखित में से किसके पास नकारात्मक तापमान गुणांक हो सकता है?
(ए) चांदी के यौगिक
(6) तरल धातु
(सी) धातु मिश्र धातु
(डी) इलेक्ट्रोलाइट्स

116. चालकता : एमएचओ ::
(ए) प्रतिरोध: ओम
(बी) समाई: हेनरी
(सी) अधिष्ठापन: फैराड

(डी) लुमेन: स्टेरेडियन

117. 1 एंगस्ट्रॉम बराबर होता है

(ए) 10-8 मिमी

(बी) 10"6 सेमी

(सी) 10"10 एम

(डी) 10 ~ 14 एम

118. एक न्यूटन मीटर समान है

(ए) एक वाट

(बी) एकजूल

(सी) पांच जूल

(डी) एक जूल सेकंड

1. केबल के लिए इंसुलेटिंग सामग्री होनी चाहिए

(ए) कम लागत

(बी) उच्च ढांकता हुआ ताकत

(सी) उच्च यांत्रिक शक्ति

(डी) उपरोक्तसभी

2. निम्नलिखित में से कौन एक केबल को यांत्रिक क्षति से बचाता है ?

(ए) बिस्तर

(बी) म्यान

(सी) आर्मरिंग

(डी) उपरोक्त में से कोई नहीं

3. निम्नलिखित में से किस इन्सुलेशन का उपयोग केबलों में किया जाता है?

(ए) वार्निश कैम्ब्रिक

(बी) रबड़

(सी) पेपर

(डी) उपरोक्तमेंसेकोईभी

4. एम्पायर टेप है

(ए) वार्निशकैम्ब्रिक

(बी) वल्केनाइज्ड रबर

(सी) गर्भवती कागज

(डी) उपरोक्त में से कोई नहीं

5. केबल्स में कंडक्टर पर इन्सुलेशन की परत की मोटाई निर्भर करती है

(ए) प्रतिक्रियाशील शक्ति

(बी) पावर फैक्टर

(सी) <u>वोल्टेज</u>

(डी) वर्तमान वहन क्षमता

6. एक केबल पर बिस्तर के होते हैं

(ए) हेसियन कपड़ा

(बी) जूट

(सी) <u>उपरोक्तमेंसेकोईभी</u>

(डी) उपरोक्त में से कोई नहीं

7. केबल्स के लिए इन्सुलेट सामग्री चाहिए

(ए) एसिड सबूत हो

(बी) गैर ज्वलनशील हो

(सी) गैर-हीड्रोस्कोपिक हो

(डी) <u>उपरोक्तसभीगुणहैं</u>

8. धात्विक आवरण के ठीक ऊपर एक केबल में ______ दिया जाता है।

(ए) अर्थिंग कनेक्शन

(बी) <u>बिस्तर</u>

(सी) कवच

(डी) उपरोक्त में से कोई नहीं

9. डीसी में केबलों की करंट ले जाने की क्षमता एसी की तुलना में अधिक होती है, जिसका मुख्य कारण

(ए) हार्मोनिक्स की अनुपस्थिति

(बी) किसी भी स्थिरता सीमा की गैर-मौजूदगी

(सी) <u>छोटेढांकताहुआनुकसान</u>

(डी) तरंगों की अनुपस्थिति

(ई) उपरोक्त में से कोई नहीं

10. थ्री कोर फ्लेक्सिबल केबल के मामले में न्यूट्रल का रंग है

(ए) <u>नीला</u>

(बी) काला

(सी) भूरा

(डी) उपरोक्त में से कोई नहीं

132 केवी लाइनों के लिए 11 केबल का उपयोग किया जाता है।

(ए) उच्च तनाव

(बी) सुपर तनाव

(सी) अतिरिक्त उच्च तनाव

(डी) <u>अतिरिक्तसुपरवोल्टेज</u>

12. नाली के पाइपों का प्रयोग सामान्यतः ______ केबलों की सुरक्षा के लिए किया जाता है।

(ए) <u>बिनाढकेकेबल</u>

(बी) बख्तरबंद

(सी) पीवीसी शीथेड केबल्स

(D। उपरोक्त सभी

13. एक केबल में न्यूनतम परावैद्युत प्रतिबल है

(ए) कवच

(बी) बिस्तर

(सी) कंडक्टर सतह

(डी) <u>लीडम्यान</u>

14. सिंगल कोर केबल्स में आर्मरिंग नहीं किया जाता है

(ए) <u>अत्यधिकम्याननुकसानसेबचें</u>

(बी) इसे लचीला बनाएं

(सी) उपरोक्त में से कोई भी

(डी) उपरोक्त में से कोई नहीं

15. रबर की परावैद्युत शक्ति लगभग होती है

(ए) 5 केवी / मिमी

(बी) 15 केवी / मिमी

(सी) <u>30 केवी / मिमी</u>

(डी) 200 केवी / मिमी

16. लो टेंशन केबल का उपयोग आमतौर पर तक किया जाता है

(ए) 200 वी

(बी) 500 वी

(सी) 700 वी

(डी) <u>1000 वी</u>

17. एक केबल में, ऑपरेटिंग परिस्थितियों में अधिकतम तनाव होता है

(ए) इन्सुलेशन परत

(बी) म्यान

(सी) कवच

(डी) <u>कंडक्टरसतह</u>

18. उच्च तनाव केबल्स आमतौर पर . तक उपयोग किए जाते हैं

(ए) <u>11 केवी</u>

(बी) 33kV

(सी) 66 केवी

(डी) 132 केवी

19. केबल का उछाल प्रतिरोध है

(ए) 5 ओम

(बी) 20 ओम

(सी) 50 ओम

(डी) 100 ओम

20. पीवीसी का अर्थ है

(ए) पॉलीविनाइलक्लोराइड

(बी) पोस्ट वार्निश कंडक्टर

(सी) दबाया और वार्निश कपड़ा

(डी) सकारात्मक वोल्टेज कंडक्टर

21. केबल्स में, आमतौर पर तुलना करके गलती की स्थिति का पता लगाया जाता है

(ए) कंडक्टर का प्रतिरोध

(बी) कंडक्टरों का अधिष्ठापन

(सी) इन्सुलेटेडकंडक्टरकीक्षमता

(डी) सभी उपरोक्त पैरामीटर

22. केबल्स की कैपेसिटेंस ग्रेडिंग में हम एक _______ डाइइलेक्ट्रिक का उपयोग करते हैं।

(ए) समग्र

(बी) झरझरा

(सी) सजातीय

(डी) हीड्रोस्कोपिक

23. दबाव केबल्स का आमतौर पर उपयोग नहीं किया जाता है

(ए) 11 केवी

(बी) 33 केवी

(सी) 66 केवी

(डी) 132 केवी

24. केबल पर आर्मरिंग के लिए सामग्री आमतौर पर होती है

(ए) स्टील टेप

(बी) गैल्वेनाइज्ड स्टील वायर

(सी) उपरोक्तमेंसेकोईभी

(डी) उपरोक्त में से कोई नहीं

25. आमतौर पर 66 केवी से अधिक उपयोग किए जाने वाले केबल्स हैं

(ए) तेलभरा
(बी) एसएल प्रकार
(सी) बेल्ट
(डी) बख्तरबंद
26. रबर की आपेक्षिक पारगम्यता है
(ए) 2 और 3 . केबीच
(बी) 5 और 6 . के बीच
(सी) 8 और 10 . के बीच
(डी) 12 और 14 . के बीच
27. ठोस प्रकार के केबलों को 66 kV से अधिक अविश्वसनीय माना जाता है क्योंकि
(ए) उच्च तापमान के कारण इन्सुलेशन पिघल सकता है
(बी) कंडक्टर पर त्वचा का प्रभाव हावी है
(सी) कंडक्टर और म्यान सामग्री के बीच कोरोना नुकसान की
(डी) रिक्तियोंकीउपस्थितिकेकारणइन्सुलेशनकेटूटनेकाखतराहै
28. यदि किसी केबल की लंबाई दोगुनी कर दी जाए, तो उसकी धारिता
(ए) एक चौथाई हो जाता है
(बी) आधा . हो जाता है
(सी) डबलहोजाताहै
(डी) अपरिवर्तित रहता है
29. केबलों में चार्जिंग करंट
(ए) वोल्टेज को 90 डिग्री से पीछे कर देता है
(बी) वोल्टेजको 90 डिग्री . तकलेजाताहै
(c) वोल्टेज को 180° . से पीछे कर देता है
(डी) वोल्टेज को 180 डिग्री सेल्सियस तक ले जाता है
30. एक निश्चित केबल में सापेक्ष पारगम्यता का इन्सुलेशन होता है। यदि इन्सुलेशन
है
सापेक्ष पारगम्यता 2 में से एक द्वारा प्रतिस्थापित, केबल की समाई बन जाएगी
(ए) एकआधा
(6) डबल
(सी) चार बार
(डी) उपरोक्त में से कोई नहीं
31. यदि सजातीय इन्सुलेशन के केबल का अधिकतम तनाव 10 kV/mm है,
तो इन्सुलेशन की ढांकता हुआ ताकत होनी चाहिए
(ए) 5 केवी / मिमी

(बी) <u>10 केवी / मिमी</u>
(सी) 15 केवी / मिमी
(डी) 30 केवी / मिमी
32. केबल्स में, शीथ का उपयोग किया जाता है
(ए) <u>नमीकोकेबलमेंप्रवेशकरनेसेरोकें</u>
(बी) पर्याप्त ताकत प्रदान करें
(ई) उचित इन्सुलेशन प्रदान करें
(डी) उपरोक्त में से कोई नहीं
33. केबल्स में इंटरशीथ का उपयोग किया जाता है
(ए) तनाव को कम करें
(बी) अच्छे इन्सुलेशन की आवश्यकता से बचें
(सी) <u>उचिततनाववितरणप्रदानकरें</u>
(डी) उपरोक्त में से कोई नहीं
34. भूमिगत केबल्स में इलेक्ट्रोस्टैटिक तनाव है
(ए) कंडक्टर और म्यान पर समान
(बी) कंडक्टर पर न्यूनतम और म्यान पर अधिकतम
(सी) <u>कंडक्टरपरअधिकतमऔरम्यानपरन्यूनतम</u>
(डी) कंडक्टर के साथ-साथ म्यान पर शून्य
(ई) उपरोक्त में से कोई नहीं
35. केबल के इन्सुलेशन के टूटने से आर्थिक रूप से बचा जा सकता है का उपयोग
(ए) अंतर-म्यान
(बी) विभिन्न ढांकता हुआ स्थिरांक के साथ इन्सुलेट सामग्री
(सी) <u>दोनों (ए) और (बी)</u>
(डी) उपरोक्त में से कोई नहीं
36. केबल का इन्सुलेशन कम हो जाता है
(ए) <u>इन्सुलेशनकीलंबाईमेंवृद्धि</u>
(बी) इन्सुलेशन की लंबाई में कमी
(सी) या तो (ए) या (बी)
(डी) उपरोक्त में से कोई नहीं
37. प्रत्यावर्ती धारा ले जाने वाली एक केबल में है
(ए) केवल हिस्टैरिसीस नुकसान
(बी) <u>केवलहिस्टैरिसीसऔररिसावनुकसान</u>
(सी) हिस्टैरिसीस, रिसाव और तांबे के नुकसान केवल

(डी) हिस्टैरिसीस, रिसाव, तांबा और घर्षण नुकसान

38. एक केबल में वोल्टेज प्रतिबल अधिकतम होता है

(ए) म्यान

(6) इन्सुलेटर

(ई) कंडक्टर की सतह

(डी) कंडक्टरकाकोर

39. केबल की कैपेसिटेंस ग्रेडिंग का तात्पर्य है

(ए) विभिन्नपारगम्यताकेडाइलेक्ट्रिक्सकाउपयोग

(बी) प्रति किमी लंबाई केबल्स की क्षमता के अनुसार ग्रेडिंग

(सी) विभिन्न सांद्रता में एकल ढांकता हुआ का उपयोग कर केबल

(डी) प्रभाव का मुकाबला करने के लिए अलग-अलग लंबाई में समाई की आवश्यकता होती है

अधिष्ठापन का

40. भूमिगत केबल पर्याप्त गहराई पर बिछाई जाती हैं

(ए) तापमान तनाव को कम करने के लिए

(बी) मिट्टी को हटाने के कारण आसानी से पता लगाने से बचने के लिए

(सी) गैसिंगवाहनोंआदिकेकारणझटकेऔरकंपनकेप्रभावकोकमकरनेकेलिए।

(डी) उपरोक्त सभी कारणों से

41. ओवरहेड ट्रांसमिशन लाइनों पर केबल का लाभ है

(ए) आसान रखरखाव

(बी) कम लागत

(सी) भीड़भाड़वालेक्षेत्रोंमेंइस्तेमालकियाजासकताहै

(डी) उच्च वोल्टेज सर्किट में इस्तेमाल किया जा सकता है

42. केबलों पर धातु के परिरक्षण की मोटाई आमतौर पर होती है

(ए) 0.04 मिमी

(बी) 0.2 से 0.4 मिमी

(ई) 3 से 5 मिमी

(डी) 40 से 60 मिमी

43. 220 केवी लाइनों के लिए केबल अनिवार्य रूप से हैं

(ए) अभ्रक अछूता

(बी) कागज अछूता

(सी) संपीड़िततेलयासंपीड़ितगैसइन्सुलेट

(डी) रबड़ इन्सुलेट

(ई) उपरोक्त में से कोई नहीं

44. क्या एक केबल को 1000 केवी पर उपयोग के लिए डिज़ाइन किया जाना है, आप कौन सा इन्सुलेशन पसंद करेंगे?

(ए) पॉलीविनाइल क्लोराइड

(बी) वल्केनाइज्ड रबर

(सी) गर्भवती कागज

(डी) संपीड़ितएसएफईगैस

45. यदि एक पावर केबल और एक संचार केबल को समानांतर चलाना है तो न्यूनतम हस्तक्षेप से बचने के लिए दोनों के बीच की दूरी होनी चाहिए

(ए) 2 सेमी

(बी) 10 सेमी

(सी) 50 सेमी

(डी) 400 सेमी

46. केबल्स के लिए कंडक्टर के रूप में कॉपर का उपयोग किया जाता है

(ए) annealed

(बी) कठोर और टेम्पर्ड

(सी) कठिन खींचा

(डी) क्रोमियम के साथ मिश्र धातु

47. इन्सुलेट सामग्री में होना चाहिए

(ए) कम पारगम्यता

(बी) उच्च प्रतिरोधकता

(सी) उच्च ढांकता हुआ ताकत

(डी) उपरोक्तसभी

48. तेल से भरे केबल्स का लाभ है

(ए) अधिक सही संसेचन

(बी) छोटे समग्र आकार

(सी) कोई आयनीकरण, ऑक्सीकरण और रिक्तियों का गठन नहीं

(डी) उपरोक्तसभी

49. इन्सुलेट सामग्री के रूप में कागज के साथ नुकसान है

(ए) यहहीड्रोस्कोपिकहै

(6) इसमें उच्च समाई है

(सी) यह एक कार्बनिक पदार्थ है

(डी) उपरोक्त में से कोई नहीं

50. एक केबल का ब्रेकडाउन वोल्टेज निर्भर करता है

(ए) नमी की उपस्थिति

(बी) काम कर रहे तापमान

(सी) वोल्टेज के आवेदन का समय

(डी) उपरोक्तसभी

1. "इलेक्ट्रोड पर मुक्त आयन का द्रव्यमान विद्युत की मात्रा के समानुपाती होता है"। उपरोक्त कथन से सम्बंधित है

(ए) न्यूटन का नियम

(बी) फैराडे का विद्युत चुम्बकीय कानून

(c) फैराडेकाइलेक्ट्रोलिसिसकानियम

(डी) गॉस का कानून

2. किसी पदार्थ के एक ग्राम समतुल्य को मुक्त करने के लिए आवश्यक आवेश को _______ स्थिरांक कहा जाता है

(एक वक़्त

(बी) फैराडेके

(सी) बोल्ट्जमैन

3. लेड-एसिड सेल को चार्ज करने के दौरान

(ए) इसकावोल्टेजबढ़ताहै

(बी) यह ऊर्जा देता है

(c) इसका कैथोड डार्क चॉकलेट ब्राउन रंग का हो जाता है

(डी) H2SO4 का विशिष्ट गुरुत्व घटता है

4. लेड-एसिड सेल की क्षमता किस पर निर्भर नहीं करती है?

(तापमान

(बी) प्रभारकीदर

(सी) निर्वहन की दर

(डी) सक्रिय सामग्री की मात्रा

5. लीड-एसिड बैटरी के इलेक्ट्रोलाइट के विशिष्ट गुरुत्व को चार्ज करने के दौरान

(ए) बढ़ताहै

(बी) घटता है

(सी) वही रहता है

(डी) शून्य हो जाता है

6. पूरी तरह से चार्ज लेडएसिड बैटरी की सकारात्मक और नकारात्मक प्लेटों पर सक्रिय सामग्री हैं

(ए) सीसा और सीसा पेरोक्साइड

(बी) लेड सल्फेट और लेड

(सी) लेडपेरोक्साइडऔरलेड

(डी) उपरोक्त में से कोई नहीं

7. जब एक लेड-एसिड बैटरी पूरी तरह से चार्ज की स्थिति में होती है, तो उसके धनात्मक का रंग

प्लेट है

(ए) गहरा भूरा

(बी) भूरा

(सी) गहराभूरा

(डी) उपरोक्त में से कोई नहीं

8. निकल-लौह बैटरी की सक्रिय सामग्री हैं

(ए) निकल हाइड्रॉक्साइड

(6) चूर्ण लोहा और उसका ऑक्साइड

(सी) केओएच का 21% समाधान

(डी) उपरोक्तसभी

9. एक लेड-एसिड सेल की एम्पीयर-घंटे की दक्षता और वाट-घंटे की दक्षता का अनुपात है

(ए) सिर्फ एक

(बी) हमेशाएकसेबड़ा

(सी) हमेशा एक से कम

(डी) उपरोक्त में से कोई नहीं।

10. लेड-एसिड बैटरी पर आवेश की स्थिति के बारे में सबसे अच्छा संकेत किसके द्वारा दिया जाता है

(ए) आउटपुट वोल्टेज

(बी) इलेक्ट्रोलाइट का तापमान

(सी) इलेक्ट्रोलाइटकीविशिष्टगुरुत्व

(डी) उपरोक्त में से कोई नहीं

11. आमतौर पर इलेक्ट्रिक पावर स्टेशन में उपयोग की जाने वाली स्टोरेज बैटरी है

(ए) निकल-कैडमियम बैटरी

(बी) जिंक-कार्बन बैटरी

(सी) लीड-एसिडबैटरी

(डी) उपरोक्त में से कोई नहीं

12. चार्जर का आउटपुट वोल्टेज है

(ए) बैटरी वोल्टेज से कम

(बी) बैटरीवोल्टेजसेअधिक

(सी) बैटरी वोल्टेज के समान

(डी) उपरोक्त में से कोई नहीं

13. कोशिकाओं को क्रम में क्रम से जोड़ा जाता है

(ए) वोल्टेजरेटिंगबढ़ाएं

(6) वर्तमान रेटिंग बढ़ाएँ

(सी) कोशिकाओं के जीवन में वृद्धि

(डी) उपरोक्त में से कोई नहीं

14. पांच 2 वी सेल समानांतर में जुड़े हुए हैं। आउटपुट वोल्टेज है

(ए) 1 वी

(6) 1.5 वी

(सी) 1.75 वी

(डी) 2 वी

15. बैटरी की क्षमता को के रूप में व्यक्त किया जाता है

(ए) वर्तमान रेटिंग

(बी) वोल्टेज रेटिंग

(सी) एम्पीयर-घंटेरेटिंग

(डी) उपरोक्त में से कोई नहीं

16. निकल-लौह सेल के चार्जिंग और डिस्चार्जिंग के दौरान

(ए) संक्षारक धुएं का उत्पादन किया जाता है

(बी) पानीनतोबनताहैऔरनहीअवशोषितहोताहै

(सी) निकल हाइड्रॉक्साइड अविभाजित रहता है

(डी) इसका ईएमएफ स्थिर रहता है

17. निरंतर-वर्तमान प्रणाली की तुलना में, लीड एसिड सेल चार्ज करने की निरंतर-वोल्टेज प्रणाली का लाभ होता है

(ए) चार्ज करने का समय कम करना

(बी) सेल क्षमता बढ़ाना

(सी) दोनों (ए) और (बी)

(डी) अत्यधिक गैसिंग से बचना

18. एक डेड स्टोरेज बैटरी को किसके द्वारा पुनर्जीवित किया जा सकता है?

(ए) आसुत जल जोड़ना

(6) तथाकथित बैटरी रिस्टोरर जोड़ना

(सी) H2SO4 . की एक खुराक

(डी) उपरोक्तमेंसेकोईनहीं

19. लेड-एसिड सेल की तुलना में, निकेल-आयरन सेल की दक्षता इसके कारण कम होती है

(ए) कॉम्पैक्टनेस

(बी) कम ईएमएफ

(सी) इलेक्ट्रोलाइट की छोटी मात्रा का इस्तेमाल किया

(डी) <u>उच्चआंतरिकप्रतिरोध</u>

20. स्टोरेज बैटरी की ट्रिकल चार्जिंग से मदद मिलती है

(ए) उचित इलेक्ट्रोलाइट स्तर बनाए रखें

(बी) अपनी आरक्षित क्षमता में वृद्धि

(सी) सल्फेशन को रोकें

(डी) <u>इसेताजाऔरपूरीतरहचार्जरखें</u>

21. कोशिका के वे पदार्थ जो रासायनिक संयोजन में सक्रिय भाग लेते हैं और इसलिए चार्जिंग या डिस्चार्जिंग के दौरान बिजली उत्पन्न करते हैं, _______ सामग्री के रूप में जाने जाते हैं।

(ए) निष्क्रिय

(बी) <u>सक्रिय</u>

(सी) अनावश्यक

(डी) जड़ता

22. एक लेड-एसिड सेल में तनु सल्फ्यूरिक एसिड (इलेक्ट्रोलाइट) में लगभग निम्नलिखित शामिल होते हैं:

(ए) एक भाग H2O, तीन भाग H2SO4

(बी) दो भाग H2O, दो भाग H2SO4

(c) <u>तीनभाग H2O, एकभाग H2SO4</u>

(डी) सभी एच2एस04

23. यह देखा गया है कि ड्यूरम चार्जिंग

(ए) वोल्टेज में वृद्धि हुई है

(बी) ऊर्जा सेल द्वारा अवशोषित होती है

(सी) H2SO4 का विशिष्ट गुरुत्व बढ़ जाता है

(डी) <u>उपरोक्तसभी</u>

24. यह देखा गया है कि निर्वहन के दौरान निम्नलिखित नहीं होता है

(ए) एनोड और कैथोड दोनों बन जाते हैं PbS04

(बी) H2SO4 का विशिष्ट गुरुत्व घटता है

(सी) सेल का वोल्टेज घटता है

(डी) <u>सेलऊर्जाकोअवशोषितकरताहै</u>

25. लेडएसिड सेल की एम्पीयर-घंटे दक्षता सामान्य रूप से के बीच होती है

(ए) 20 से 30%

(बी) 40 से 50%

(सी) 60 से 70%

(डी) <u>90 से 95%</u>

26. लेड-एसिड सेल की वाट-घंटे की दक्षता के बीच भिन्न होती है

(ए) 25 से 35%

(बी) 40 से 60%

(सी) <u>70 से 80%</u>

(डी) 90 से 95%

27. लेड-एसिड सेल की क्षमता को में मापा जाता है

(ए) एम्पीयर

(बी) <u>एम्पीयर-घंटे</u>

(सी) वाट

(डी) वाट-घंटे

28. लेड-एसिड सेल की क्षमता निर्भर करती है

(ए) निर्वहन की दर

(बी) तापमान

(सी) इलेक्ट्रोलाइट का घनत्व

(डी) <u>उपरोक्तसभी</u>

29. जब लेड-एसिड सेल पूरी तरह से चार्ज हो जाता है, तो इलेक्ट्रोलाइट ______ रूप धारण कर लेता है

(एक सुस्त

(बी) लाल

(सी) उज्ज्वल

(डी) <u>दूधिया</u>

30. एडिसन सेल का ईएमएफ, जब पूरी तरह से चार्ज होता है, लगभग होता है

(ए) <u>1.4 वी</u>

(बी) 1 वी

(सी) 0.9 वी

(डी) 0.8 वी

31. क्षार सेल का आंतरिक प्रतिरोध लेड एसिड सेल के लगभग ______ गुना है।

(दो

(बी) तीन

(सी) चार

(डी) <u>पांच</u>

32. क्षार सेल के लिए औसत चार्जिंग वोल्टेज लगभग है
(ए) 1 वी
(बी) 1.2 वी
(सी) 1.7 वी
(डी) 2.1 वी
33. एडिसन सेल की औसतन एम्पियर-घंटे दक्षता लगभग है
(ए) 40%
(बी) 60%
(सी) 70%
(डी) 80%
34. सिल्वर-जिंक बैटरियों की धनात्मक प्लेटों का सक्रिय पदार्थ है
(ए) सिल्वरऑक्साइड
(बी) लीड ऑक्साइड
(सी) लीड
(डी) जिंक पाउडर
35. लेड-एसिड सेल में लगभग चार्ज और डिस्चार्ज का जीवन होता है
(ए) 500
(बी) 700
(सी) 1000
(डी) 1250
36. एडिसन कोशिका का जीवनकाल कम से कम होता है
(ए) पांचसाल
(बी) सात साल
(सी) आठ साल
(डी) दस साल
37. लेड-एसिड सेल का आंतरिक प्रतिरोध एडिसन सेल का होता है
(ए) सेकम
(बी) से अधिक
(सी) बराबर
(डी) उपरोक्त में से कोई नहीं
38. एडिसन सेल में प्रयुक्त इलेक्ट्रोलाइट है
(ए) NaOH
(बी) कोह
(सी) एचसी 1

(डी) एचएन03

39. लेड-एसिड सेल में प्रयुक्त इलेक्ट्रोलाइट है

(ए) NaOH

(बी) केवलH2S04

(सी) केवल पानी

(डी) पतला H2SO4

40. एडिसन सेल की ऋणात्मक प्लेट बनी होती है

(ए) तांबा

(बी) लीड

(सी) लोहा

(डी) चांदी ऑक्साइड

41. किसी भी स्टोरेज सेल का ओपन सर्किट वोल्टेज पूरी तरह से निर्भर करता है

(ए) इसके रासायनिक घटक

(बी) इसके इलेक्ट्रोलाइट के बल पर

(सी) इसका तापमान

(डी) उपरोक्तसभी

42. विद्युत अपघट्य का विशिष्ट गुरुत्व किसके द्वारा मापा जाता है?

(ए) मैनोमीटर

(6) एक यांत्रिक गेज

(सी) हाइड्रोमीटर

(डी) साइकोमीटर

43. जब लेड-एसिड सेल के इलेक्ट्रोलाइट का विशिष्ट गुरुत्व 1.1 से 1.15 तक कम हो जाता है, तो सेल में होता है

(ए) चार्ज राज्य

(बी) छुट्टीदेदीराज्य

(सी) दोनों (ए) और (बी)

(डी) सक्रिय राज्य

44. _______ प्रणाली में चार्जिंग करंट को रुक-रुक कर या तो a . पर नियंत्रित किया जाता है

अधिकतम या न्यूनतम मूल्य

(ए) दोदरप्रभारनियंत्रण

(बी) ट्रिकल चार्ज

(सी) फ्लोटिंग चार्ज

(डी) एक बराबर चार्ज

45. ओवर चार्जिंग

(ए) अत्यधिक गैसिंग पैदा करता है

(बी) सक्रिय सामग्री को ढीला करता है

(ई) तापमान को बढ़ाता है जिसके परिणामस्वरूप प्लेटों की बकलिंग होती है

(डी) उपरोक्तसभी

46. अंडरचार्जिंग

(ए) इलेक्ट्रोलाइटकेविशिष्टगुरुत्वकोकमकरताहै

(बी) इलेक्ट्रोलाइट के विशिष्ट गुरुत्व को बढ़ाता है

(सी) अत्यधिक गैसिंग पैदा करता है

(डी) तापमान बढ़ाता है

47. आंतरिक शॉर्ट सर्किट किसके कारण होते हैं

(ए) एक या अधिक विभाजकों का टूटना

(बी) कोशिका के तल पर तलछट का अतिरिक्त संचय

(सी) दोनों (ए) और (बी)

(डी) उपरोक्त में से कोई नहीं

48. सल्फेशन का प्रभाव यह है कि आंतरिक प्रतिरोध

(ए) बढ़ताहै

(बी) घटता है

(सी) वही रहता है

(डी) उपरोक्त में से कोई नहीं

49. प्लेटों की सतह पर लेड सल्फेट का अत्यधिक निर्माण किसके कारण होता है?

(ए) बैटरी को लंबे समय तक डिस्चार्ज की स्थिति में खड़े रहने देना

(बी) इलेक्ट्रोलाइट के साथ टॉपिंग

(सी) लगातार अंडरचार्जिंग

(डी) उपरोक्तसभी

50. वे पदार्थ जो एक साथ मिलकर आवेश के दौरान विद्युत ऊर्जा को संचित करते हैं _______ पदार्थ कहलाते हैं

(ए) सक्रिय

(बी) निष्क्रिय

(सी) जड़ता

(डी) ढांकता हुआ

85] एक हीटर 240V स्रोत से कनेक्ट होने पर 8A की धारा खींचता है] ओम में हीटर तत्व का प्रतिरोध मान क्या है?

ए] 40

बी] 20

सी] 30

डी] 60

86] एक 80 ओम हीटिंग तत्व के साथ एक इलेक्ट्रिक सोल्डरिंग आयरन को 240V आउटलेट में प्लग किया जाता है] आयरन द्वारा कितनी धारा खींची जाएगी?

ए] 2ए

बी] 3ए

सी] 4ए

डी] 5ए

87] एक कार में अल्टरनेटर 4A बचाता है और इसके टर्मिनलों में 3 ओम का भार जुड़ा होता है] सर्किट का वोल्टेज ज्ञात करें

ए] 18वी

बी] 24V

सी] 12वी

डी] 16वी

88] 1 के ओम, 2 के ओम और 7 के ओम के तीन प्रतिरोधक 30 वी आपूर्ति के साथ श्रृंखला में जुड़े हुए हैं] यदि 2 के ओम और 7 के ओम प्रतिरोधी खुले सर्किट हैं, तो 7 के ओम प्रतिरोधी से जुड़े वोल्टमीटर इंगित करेंगे ...

ए] 10 के ओम, 3ए

बी] 10 k ओम, 300mA

सी] 10 केओम, 3 एमए

डी] 5 के ओम, 6 एमए

89] एक वोल्टेज स्रोत 20 ओम प्रतिरोध में 40V की एक IR ड्रॉप, 30 ओम प्रतिरोध में 60V और 90 ओम प्रतिरोध में 180V सभी श्रृंखला में उत्पन्न करता है] लागू वोल्टेज कितना है?

ए] 180 वी

बी] 240 वी

सी] 100 वी

डी] 280 वी

90] तीन प्रतिरोधक 27 ओम, 47 ओम और 68 ओम समानांतर में जुड़े हुए हैं] ओटल प्रतिरोध क्या है?

ए] 27 ओमसेकम

बी] 68 ओम से अधिक

सी] 27 और 47 ओम के बीच

D] तीनों प्रतिरोधों का योग

91] एक मिलियन और एक मेगा ओम प्रतिरोधक हैं यदि दोनों को समानांतर में जोड़ा जाए, तो संयुक्त प्रतिरोध मान क्या होगा?

ए] <u>0.5 मेगाओम</u>

बी] 0.5 मिली ओम

सी] 0.5 किलो ओम

डी] 0.5 ओम

92] समानांतर में 24 ओम और 8 ओम के प्रतिरोधों का एक संयुक्त प्रतिरोध प्राप्त होता है...

ए] <u>6 ओम</u>

बी] 12 ओम

सी] 3 ओम

डी] 32 ओम

93] निम्नलिखित मानों के प्रतिरोधक समानांतर में जुड़े हुए हैं, 5 ओम, 5 किलो-ओम, 50 किलो-ओम, 5 मेगा ओम] उनका समकक्ष प्रतिरोध बहुत करीब होगा...

ए] <u>4.5 ओम</u>

बी] 4500 ओम

सी] 45000 ओम

डी] 4,500,000 ओम

94] दिए गए तार का प्रतिरोध 2 ओम है] उसी सामग्री से बने दूसरे तार का प्रतिरोध लंबाई के दुगुने और अनुप्रस्थ काट के क्षेत्रफल से दुगुना है...

ए] 5 ओम

बी] 6 ओम

सी <u>] 2 ओम</u>

डी] 8 ओम

95] यदि किसी दी गई लंबाई के धातु के तार का क्षेत्रफल दोगुना है, तो उसका प्रतिरोध होगा...

ए] दोगुना हो

बी] <u>आधाहो</u>

सी] वही रहें

डी] चार गुना अधिक हो

96]। निम्नलिखित में से केवल एक को प्रतिरोध तार माना जाता है

ए] सोना

बी] चांदी

सी] <u>नाइक्रोम</u>

डी] तांबा

97] आर्क हीटिंग तब होता है जब विपरीत ध्रुवता के इलेक्ट्रोड के बीच की हवा बन जाती है।

ए] सिक्त

बी] सूखा

सी] <u>आयनित</u>

डी] उपरोक्त में से कोई नहीं

98] भट्टी का तापमान मापने के लिए प्रयुक्त मीटर है...

ए] हाइड्रोमीटर

बी] <u>पाइरोमीटर</u>

सी] हाइग्रोमीटर

डी] टैकोमीटर

99] इलेक्ट्रोलाइट के मामले में तापमान में वृद्धि का कारण बनता है ...

ए] <u>प्रतिरोधमेंकमी</u>

बी] प्रतिरोध में वृद्धि

सी] प्रतिरोध में कोई बदलाव नहीं

डी] उपरोक्त में से कोई नहीं

100] एक चालक में विकसित ऊष्मा किसके समानुपाती होती है...

ए] शक्ति का वर्ग

बी] प्रतिरोध का वर्ग

C] <u>धाराकावर्ग</u>

डी] समय का वर्ग

101] नीचे दिए गए चार धातु/मिश्र धातुओं में से, तापमान परिवर्तन के प्रतिरोध में लगभग कोई बदलाव नहीं आया है...

एक निकेल

बी] नाइक्रोम

सी] प्लेटिनम

डी] <u>मैंगनीन</u>

102] वह पदार्थ जो चुम्बक द्वारा थोड़ा प्रतिकर्षित किया जाता है, कहलाता है...

ए] चुंबकीय

बी] पैरामैग्नेटिक

सी] <u>प्रतिचुंबकीय</u>

डी] लौहचुंबकीय

103] वह पदार्थ जिसे बहुत ही कम चुम्बकित किया जा सकता है, कहलाता है...

ए] चुंबकीय

बी] पैरामैग्नेटिक

सी] प्रतिचुंबकीय

डी] लौहचुंबकीय

104] वे पदार्थ जिन्हें आसानी से चुम्बकित किया जा सकता है और बहुत मजबूत चुम्बक बना सकते हैं, कहलाते हैं...

ए] लौहचुंबकीय

बी] प्रतिचुंबकीय

सी] पैरामैग्नेटिक

डी] स्थायी चुंबकीय

105] एक पदार्थ जिसमें उच्च प्रतिधारण क्षमता होती है, का उपयोग किसके निर्माण के लिए किया जा सकता है...

ए] विद्युत चुम्बक

बी] स्थायीचुंबक

सी] अस्थायी चुंबक

डी] पैरामैग्नेट

106] एक पदार्थ जिसमें कम धारण क्षमता होती है, का उपयोग किसके निर्माण के लिए किया जा सकता है...

ए] विद्युतचुम्बक

बी] स्थायी चुंबक

सी] बार चुंबक

डी] पैरामैग्नेट

107] अधिष्ठापन का प्रतीक है...

ए] हो

बी] मैं

सी] ली

डी] एक्स

108] ट्यूब लैंप चोक इसका सबसे अच्छा उदाहरण है...

ए] खुला परिचालित

बी] शॉर्टसर्किट

सी] ग्राउंडेड

डी] तटस्थ रेखा से जुड़ा

109] एक ट्यूब लाइट सर्किट में चोक का प्रारंभिक कार्य है...

ए] प्रारंभिक धारा को सीमित करें

बी] उच्चवोल्टेजप्रेरित

सी] फिलामेंट को गर्म करें

डी] चालू करने के बाद वर्तमान को सीमित करें

110] ट्यूब लाइट सर्किट में चोक का दूसरा कार्य है...

ए] प्रारंभिक धारा को सीमित करें

बी] उच्च वोल्टेज प्रेरित

सी] फिलामेंट को गर्म करें

डी] चालूकरनेकेबादवर्तमानकोसीमितकरें

111] एक तरंग का आवर्त समय 2ms है] आवृत्ति की गणना करें

ए] 50 हट्र्ज

बी] 5 हट्र्ज

सी] 500HZ

डी] 5 किलोहट्र्ज

112] 220 वोल्ट के प्रभावी मान के साथ साइन-वेव का शिखर आयाम कितना बड़ा है?

ए] 311 वी

बी] 380 वी

सी] 400 वी

डी] 440 वी

113] पीक-टू-पीक वोल्टेज 99V है] साइन वेव का प्रभावी मान कितना बड़ा है?

ए] 70 वी

बी] 44.5 वी

सी] 49.5 वी

डी] 35 वी

114] एक मूविंग कॉइल वाल्टमीटर 10 वी एसी पढ़ता है] प्रभावी वोल्टेज कितना बड़ा है?

एक उच्च

बी] निचला

सी] वही

डी] 10% अधिक

115] एक गतिमान लोहे का एमीटर 10 ए पढ़ता है] दोलन की चरम धारा कितनी बड़ी है?

ए] 7.07 ए

बी] 1.1414ए

सी] 70.7 ए

डी] 14.1 ए

116] 10 ओम के प्रतिरोध से 2 एम्पीयर की धारा प्रवाहित होती है] प्रतिरोध में बिखरी शक्ति बराबर होती है...

ए] 20 वाट

बी] 200 वाट

सी] 40 वाट

डी] 5 वाट

117] यदि वोल्टेज स्थिर रखते हुए आवृत्ति 50 एचजेड से 100 एचजेड में बदल जाती है, तो आपूर्ति से जुड़ी कॉइल की आगमनात्मक प्रतिक्रिया...

ए] वही रहता है

बी] आधा हो जाओ

C] दुगनाहोजाना

D] 4 गुना हो जाता है

118] समाई इससे प्रभावित नहीं होती...

ए] प्लेट क्षेत्र

बी] प्लेटों के बीच की दूरी

सी] द्वंद्वात्मक सामग्री

डी] आवृत्ति

119] संधारित्र की समाई प्रतिक्रिया भिन्न होती है...

ए] सीधे आवृत्ति के साथ

बी] आवृत्तिकेसाथविपरीत

सी] सीधे लागू वोल्टेज के साथ

डी] लागू वोल्टेज के विपरीत

120] एक संधारित्र ने 3 कूलम्ब आवेश प्राप्त किया जब उस पर 6 वोल्ट लगाए गए] इसकी समाई...

ए] 0.5 फैराड

बी] 3 फराद

सी] 3 फराद

डी] 18 फैराड

121] एक संधारित्र 200 वोल्ट एसी लाइन से जुड़ा है, इसकी न्यूनतम वोल्टेज रेटिंग होनी चाहिए...

ए] 100 वोल्ट

बी] 200 वोल्ट

सी] <u>300 वोल्ट</u>

डी] 400 वोल्ट

122] एक ओममीटर के साथ संधारित्र का परीक्षण करते समय, मीटर कुछ प्रतिरोध को इंगित करता है] परीक्षण के तहत संधारित्र है...

ए <u>] टपकाहुआ</u>

बी] खुला

सी] अच्छा

डी] लघु

123] एक 80 माइक्रो फैराड संधारित्र के साथ श्रृंखला में जुड़े 40 माइक्रो फैराड संधारित्र की कुल धारिता है...

ए] <u>26.7 माइक्रोफैराड</u>

बी] 40 माइक्रो फैराड

सी] 60.6 माइक्रो फैराड

डी] 120 माइक्रो फैराड

124] 3 माइक्रो फैराड कैपेसिटर के 1 माइक्रो फैराड कैपेसिटर प्राप्त करने के लिए हमें कनेक्ट करना होगा...

ए] सभी समानांतर में

बी] <u>सभीश्रृंखलामें</u>

सी] 2 श्रृंखला और समानांतर में एक

डी] उपरोक्त में से कोई नहीं

125] आर और सी वाले एसी श्रृंखला सर्किट में संधारित्र के माध्यम से बहने वाली धारा होगी...

ए] वोल्टेज को कम करना

बी] <u>वोल्टेजअग्रणी</u>

सी] वोल्टेज के साथ चरण में

डी] उपरोक्त में से कोई नहीं

126] यदि आरसी श्रृंखला सर्किट में आपूर्ति की आवृत्ति बढ़ा दी जाती है तो कैपेसिटिव रिएक्शन होगा

ए] <u>कम</u>

बी] वृद्धि हुई

सी] कोई प्रभाव नहीं होना

डी] उपरोक्त में से कोई नहीं

127] बिजली कंपनियां पावर फैक्टर में सुधार करने में रुचि रखती हैं

ए] <u>लाइनकरंटकमकरें</u>

बी] मोटर दक्षता में वृद्धि

C] वोल्ट-एम्पीयर बढ़ाएँ

डी] शक्ति में कमी

128] एक संधारित्र कनेक्ट होने पर एसी मोटर लोड के पावर फैक्टर मान को बढ़ाता है...

ए] मोटर के साथ श्रृंखला में

बी] स्टार्टर के साथ श्रृंखला में

सी] मोटरकेसमानांतर

डी] मुख्य घुमावदार के साथ श्रृंखला में

129] आम तौर पर, एक गरमागरम प्रकाश सर्किट का शक्ति कारक है ..

ए] 0

बी] 0.5

सी] 0.707

डी] 1.0

130] जब आरएलसी श्रृंखला सर्किट में करंट को निर्धारित करने के लिए अकेले प्रतिरोध का उपयोग किया जाता है, तो सर्किट होता है...

ए] एक आगमनात्मक सर्किट

बी] एक कैपेसिटिव सर्किट

सी] एक संयोजन सर्किट

डी] एकगुंजयमानसर्किट

131] आगमनात्मक प्रतिक्रिया का सीधा संबंध है..

ए] प्रतिरोध

बी] आवृत्ति

सी] समाई

डी] शक्ति

132] सिंक्रोनस मोटर जब पावर फैक्टर में सुधार के लिए इस्तेमाल किया जाना चाहिए...

ए] उत्साहित के तहत

बी] अतिउत्साहित

सी] भरी हुई

डी] बिना किसी भार के चल रहा है

133] एक RL समानांतर परिपथ में, कुल धारा के विरोध को कहा जाता है...

ए] प्रतिक्रिया

बी] प्रतिरोध

सी] एक वेक्टर योग

डी] <u>प्रतिबाधा</u>

134] एसी समानांतर आरएल सर्किट में, बिजली पर समाप्त हो जाती है

ए] प्रतिबाधा

बी] <u>प्रतिरोध</u>

सी] अधिष्ठापन

डी] समाई

135] कार्बन जिंक सेल का नाममात्र आउटपुट वोल्टेज कितना है?

ए] 12वी

बी] <u>1.5V</u>

सी] 2.0 वी

डी] 2.2 वी

136] सेल श्रृंखला में जुड़े हुए हैं ..

ए] <u>आउटपुटवोल्टेजबढ़ाएं</u>

बी] आउटपुट वोल्टेज घटाता है

सी] आंतरिक प्रतिरोध कम करें

डी] वर्तमान क्षमता में वृद्धि

54137 कनेक्टेड इन

एक श्रृंखला

बी] <u>समानांतर</u>

सी] श्रृंखला-समानांतर

डी] समानांतर-श्रृंखला

138] एक सेल की क्षमता को में मापा जाता है

ए] वाट-घंटा

बी] वाट

सी] एम्पीयर

डी] <u>एम्पीयर-घंटा</u>

139] सबसे कम शेल्फ लाइफ वाली प्राथमिक सेल है

ए] <u>कार्बन - जिंक</u>

बी] क्षारीय

सी] पारा

डी] लिथियम

140] वह सेल जिसमें दिए गए वजन या आयतन के लिए बहुत अधिक ऊर्जा घनत्व होता है

ए] कार्बन-जिंक

बी] क्षारीय

सी] पारा

डी] लिथियम

141] एक 100-आह क्षमता की बैटरी को लगभग 8 ए का करंट देना चाहिए...

ए] 12 घंटे

बी] 8 घंटे

सी] 20 घंटे

डी] 100 एच

142] जब बैटरी को लंबे समय तक निष्क्रिय रखने की आवश्यकता होती है...

ए] बैटरी को ओवरचार्ज करें

बी] इलेक्ट्रोलाइट हटा दें

ग) प्लेटों को आसुत जल से साफ करें

डी] उन्हेंसुखाएंऔरबैटरीकोठंडीसूखीसाफजगहपरस्टोरकरें

143] निकेल आयरन सेल के सक्रिय पदार्थ हैं...

ए] निकल हाइड्रॉक्साइड

बी] चूर्ण लोहा और उसके ऑक्साइड

C] कास्टिक पोटाश का 21% घोल

डी] उपरोक्तसभीसामग्री

144] सेल की क्षमता को में मापा जाता है

ए] वाट घंटा

बी] वाट

सी] एम्पीयर

डी] एम्पीयर-घंटा

145] सेकेंडरी सेल को चार्ज करने के लिए इस्तेमाल किया जाने वाला सिस्टम है

ए] कम वोल्टेज एसी

बी] उच्च वोल्टेज एसी

सी] एसी

डी] डीसी

146] एक सामान्य औद्योगिक आपूर्ति प्रणाली में चरणों की संख्या कितनी होती है?

एक

बी] तीन

सी] चार

डी] दो

147] एक 3 फेज स्टार कनेक्टेड अल्टरनेटर में, कॉइल्स का फेज अंतर होता है...

ए] <u>120◦</u>

बी] 240◦

सी] 60◦

डी] 360◦

148] डेल्टा कनेक्शन का उपयोग किया जाता है निम्नलिखित में से कोई नहीं

ए] ट्रांसमिशन लाइन ट्रांसफार्मर का प्राथमिक

बी] अल्टरनेटर वाइंडिंग

सी] वितरण ट्रांसफार्मर के माध्यमिक

डी] <u>वितरणट्रांसफार्मरकाप्राथमिक</u>

149] 3-फेज असंतुलित भार प्रणाली में शक्ति को मापने के लिए किस विधि का उपयोग किया जा सकता है?

ए] एक वाटमीटर विधि

बी <u>] टोवाटमीटरविधि</u>

सी] तीन वाटमीटर विधि

डी] तीन एमीटर विधि

150] तीन चरण, 3 तार प्रणाली में 3-हैज़ पावर को मापने के लिए दो वाटमीटर का उपयोग किया जा सकता है...

ए] संतुलित भार

बी] असंतुलित भार

सी] <u>संतुलितऔरअसंतुलितभार</u>

डी] संतुलित भार से बाहर

151] एक सिंगल वाटमीटर का उपयोग 3-चरण प्रणाली में शक्ति को मापने के लिए तभी किया जा सकता है जब भार हो..

ए] <u>संतुलित</u>

बी] असंतुलित

सी] संतुलित और असंतुलित भार

डी] निरंतर

152] एक संकेतक यंत्र में सूचक की गति उत्पन्न करने वाले बल को कहा जाता है...

ए] <u>विक्षेपणबल</u>

बी] नियंत्रण बल

सी] भिगोना बल

डी] विचलित करने वाला बल

153] एक स्थायी चुंबक गतिमान कुंडल यंत्र पढ़ेगा...

ए] केवल एसी मात्रा

बी] केवलडीसीमात्रा

सी] एसी और डीसी मात्रा दोनों

डी] स्पंदन मात्रा

154] गुरुत्वाकर्षण नियंत्रण का उपयोग करने वाला एक उपकरण सही ढंग से पढ़ेगा यदि इसका उपयोग किया जाता है ..

ए] केवललंबवतस्थिति

बी] केवल क्षैतिज स्थिति

सी] झुकाव स्थिति केवल

डी] कोई भी स्थिति

155] स्थायी चुंबक मूविंग कॉइल इंस्ट्रूमेंट में निम्नलिखित में से किस डंपिंग विधि का उपयोग किया जाता है?

ए] हवा भिगोना

बी] द्रव भिगोना

सी] वसंत भिगोना

डी] एडीवर्तमानभिगोना

156] मूविंग कॉइल इंस्ट्रूमेंट किसके प्रभाव पर काम करता है...

ए] रासायनिक प्रभाव

बी] ताप प्रभाव

सी] इलेक्ट्रोस्टैटिक प्रभाव

डी] विद्युतचुम्बकीयप्रभाव

157] विद्युत ऊर्जा मापने के लिए आपके घर में लगाया गया मीटर किसका उदाहरण है...

ए] संकेत प्रकार उपकरण

बी] रिकॉर्डिंग प्रकार उपकरण

सी] संकेतकेसाथ-साथरिकॉर्डिंगप्रकारकेउपकरण

डी] एकीकृत प्रकार के उपकरण

158]। स्थायी चुंबक के लिए निम्नलिखित में से कौन सी सामग्री पसंद की जाती है?

ए] अलनिको

बी] वाई-मिश्र धातु

सी] सिलिकॉन स्टील

डी] गढ़ा लोहा

159] जिस उपकरण को निरपेक्ष साधन के रूप में वर्गीकृत किया जा सकता है, वह है...

ए] मिली एमीटर

बी] माइक्रो एमीटर

सी] गैल्वेनोमीटर

डी] स्पर्शरेखागैल्वेनोमेर

160] गतिमान लोहे के उपकरण में आमतौर पर भिगोने की निम्नलिखित में से कौन सी विधि का उपयोग किया जाता है?

ए] एयरडंपिंग

बी] द्रव भिगोना

सी] एड़ी वर्तमान भिगोना

डी] चिपचिपापन भिगोना

161] एक गतिमान लोहे के उपकरण का विक्षेपक बलाघूर्ण सीधे आनुपातिक होता है ..

एक लहर

B] धाराकावर्ग

C] धारा का वर्गमूल

डी] वोल्टेज

162]निम्नलिखित में से किसका उपयोग सीधे माध्यम प्रतिरोध को मापने के लिए किया जाता है?

ए] एमीटर

बी] मेगर

सी] ओममीटर

डी] वाल्टमीटर

163] एक ओममीटर का उपयोग मापने के लिए किया जाता है...

ए] इन्सुलेशन प्रतिरोध

बी] प्रतिरोध

सी] वर्तमान

डी] संभावित अंतर

164] निम्नलिखित में से कौन सा घटक ओममीटर का हिस्सा नहीं है?

ए] निश्चित प्रतिरोधी

बी] परिवर्तनीय प्रतिरोधी

सी] संधारित्र

डी] बैटरी

165] शंट ओममीटर में, अधिकतम विक्षेपण दर्शाता है ..

ए] अधिकतमप्रतिरोध

बी] न्यूनतम प्रतिरोध

सी] मेगर में एक गलती

डी] इनमें से कोई नहीं

166]। एक अज्ञात डीसी वोल्टेज को मापा जाना है, आप पहले किस मापने की सीमा का चयन करेंगे?

ए] 500V

बी] 50V

सी] 1.5 वी

डी] 0.5V

167]। माइक्रो एम्पीयर रेटिंग की एक अज्ञात प्रत्यक्ष धारा को मापा जाना है, आप पहले किस माप सीमा का चयन करेंगे?

ए] 20 माइक्रो amp

बी] 15 माइक्रो amp

सी] 150 माइक्रो amp

डी] 500 माइक्रो amp

168] एक मल्टीमीटर माप नहीं सकता...

एक लहर

बी] संभावित अंतर

सी] सी क्षमता

डी] प्रतिरोध

169] डायनेमोमीटर प्रकार के मीटर का उपयोग मापने के लिए किया जाता है...

ए] केवल एसी मात्रा

बी] केवलडीसीमात्रा

सी] एसी और डीसी दोनों

डी] केवल एसी को स्पंदित करना

170] वाटमीटर में किस प्रभाव का प्रयोग किया जाता है?

ए] इलेक्ट्रोडायनामिकप्रभाव

बी] थर्मल प्रभाव

सी] रासायनिक प्रभाव

डी] इलेक्ट्रोस्टैटिक प्रभाव

171] नीचे सूचीबद्ध उपकरणों में से कौन एसी और डीसी दोनों में वाटमीटर के रूप में कुशलता से काम करता है?

ए] पीएमएमसी साधन

बी] डायनेमोमीटरउपकरण

सी] गर्म तार उपकरण

डी] एमआई उपकरण

172] इलेक्ट्रोडायनामिक प्रकार के उपकरण आमतौर पर माप के लिए उपयोग किए जाते हैं...

ए] वोल्टेज

बी] वर्तमान

सी] प्रतिरोध डी]

173] जब ऊर्जा मीटर के फेज और न्यूट्रल को आपस में बदल दिया जाता है, तो इसकी डिस्क...

ए] विपरीतदिशामेंघूमताहै

बी] सही दिशा में घूमता है

सी] रुक जाएगा

डी] धीरे-धीरे घूमता है

ई] उच्च गति से घूमता है

174] जब ऊर्जा मीटर की डिस्क बिना किसी लोड को जोड़े भी घूम रही हो, तो त्रुटि कहलाती है

ए] रेंगनेवालीत्रुटि

बी] चरण त्रुटि

सी] घर्षण त्रुटि

डी] तापमान त्रुटि

175] एसी सिंगल फेज एनर्जी मीटर की इकाई में ऊर्जा रिकॉर्ड करते हैं...

ए] किलोवाटघंटे

बी] हजारों डिस्क रोटेशन की संख्या

सी] वोल्ट एम्पीयर

डी] किलो वोल्ट एम्पीयर

176] एक मेगर प्रतिरोध को मापता है...

ए] ओहम्सो

बी] सैकड़ों ओम

सी] हजारों ओम

डी] लाखोंओम

177] एक मेगर को विशेष रूप से मापने के लिए डिज़ाइन किया गया है।

ए] बहुतउच्चप्रतिरोध

बी] बहुत कम प्रतिरोध

सी] बिजली लाइनों में जमीनी दोष

डी] डीसी मोटर्स पर अधिक भार

178] पाइप अर्थिंग के लिए स्टील पाइप के जस्ती लोहे के न्यूनतम आंतरिक व्यास की आवश्यकता है...

ए] 12.5 मिमी

बी] 16 मिमी

सी] 3.5 मिमी

डी] 4 एम

179] पृथ्वी कंडक्टर जमीन के लिए एक मार्ग प्रदान करता है ..

ए] लीकेजकरंट

बी] वर्तमान से अधिक

सी] उच्च वोल्टेज

डी] सर्किट वर्तमान

180] यदि सर्किट कॉपर कंडक्टर का आकार 10 वर्ग-मिमी है तो जीआई में पृथ्वी कंडक्टर का आकार] तार होना चाहिए...

ए] 1.5 वर्ग मिमी

बी] 2.5 वर्ग मिमी

सी] 5 वर्गमिमी

डी] 10 वर्ग मिमी

181] एक कैलोरी बराबर होती है,,,

ए] 4187 जूल

बी] 418.7 जूल

सी] 41.87 जूल

डी] 4.187 जूल

1. टेस्ला की एक इकाई है

(ए) क्षेत्र की ताकत

(बी) अधिष्ठापन

(सी) प्रवाहघनत्व

(डी) प्रवाह

2. पारगम्य पदार्थ एक होता है

(ए) जो एक अच्छा कंडक्टर है

(6) जो एक बुरा संवाहक है

(सी) जो एक मजबूत चुंबक है

(डी) जिसकेमाध्यमसेबलकीचुंबकीयरेखाएंबहुतआसानीसेगुजरसकतीहैं

3. कम धारण क्षमता वाले पदार्थ बनाने के लिए उपयुक्त होते हैं

(ए) कमजोर चुंबक

(बी) <u>अस्थायीचुंबक</u>
(सी) स्थायी चुंबक
(डी) उपरोक्त में से कोई नहीं
4. एक चुंबकीय क्षेत्र चारों ओर मौजूद है
(ए) लोहा
(बी) तांबा
(सी) एल्यूमीनियम
(डी) <u>चलतीशुल्क</u>
5. फेराइट पदार्थ हैं।
(ए) पैरामैग्नेटिक
(बी) प्रतिचुंबकीय
(सी) <u>लौहचुंबकीय</u>
(डी) उपरोक्त में से कोई नहीं
6. वायु अंतराल में लोहे या इस्पात पथ की तुलना में ________ अनिच्छा होती है
(थोड़ा
(बी) <u>कम</u>
(सी) उच्च
(डी) शून्य
7. बल की चुंबकीय रेखाओं की दिशा है
(ए) दक्षिणी ध्रुव से उत्तरी ध्रुव तक
(बी) <u>उत्तरीध्रुवसेदक्षिणीध्रुवतक</u>
(सी) चुंबक के एक छोर से दूसरे छोर तक
(डी) उपरोक्त में से कोई नहीं
8. निम्नलिखित में से कौन एक सदिश राशि है?
(ए) सापेक्ष पारगम्यता
(बी) <u>चुंबकीयक्षेत्रकीतीव्रता</u>
(सी) फ्लक्स घनत्व
(डी) चुंबकीय क्षमता
9. एक ट्रांसमिशन लाइन के दो कंडक्टर बराबर धारा I को विपरीत दिशा में ले जाते हैं निर्देश। प्रत्येक कंडक्टर पर बल है
(ए) 7 . के आनुपातिक
(बी) <u>एक्सकेआनुपातिक</u>
(सी) कंडक्टरों के बीच की दूरी के आनुपातिक
(डी) I . के विपरीत आनुपातिक

10. वह पदार्थ जो चुंबकीय क्षेत्र द्वारा थोड़ा प्रतिकर्षित होता है, कहलाता है
(ए) लौहचुंबकीय सामग्री
(बी) प्रतिचुंबकीयसामग्री
(सी) पैरामैग्नेटिक सामग्री
(डी) सामग्री का संचालन
11. जब लोहे के टुकड़े को चुंबकीय क्षेत्र में रखा जाता है
(ए) जाने के लिए बल की चुंबकीय रेखाएं अपने सामान्य पथ से दूर हो जाएंगी टुकड़े से दूर
(बी) बलकीचुंबकीयरेखाएंअपनेसामान्यपथसेदूरहोजाएंगीताकि टुकड़ेकेमाध्यमसेगुजरना
(सी) चुंबकीय क्षेत्र प्रभावित नहीं होगा
(डी) लोहे का टुकड़ा टूट जाएगा
12. फ्लेमिंग के बाएं हाथ के नियम का प्रयोग को खोजने के लिए किया जाता है
(ए) वर्तमान ले जाने वाले कंडक्टर के कारण चुंबकीय क्षेत्र की दिशा
(बी) एक परिनालिका में प्रवाह की दिशा
(सी) एकचुंबकीयक्षेत्रमेंवर्तमानलेजानेवालेकंडक्टरपरबलकीदिशा
(डी) एक चुंबकीय ध्रुव की ध्रुवीयता
13. चुम्बकत्व की तीव्रता और चुम्बकत्व बल के अनुपात को क्या कहते हैं?
(ए) प्रवाह घनत्व
(बी) संवेदनशीलता
(सी) सापेक्ष पारगम्यता
(डी) उपरोक्त में से कोई नहीं
14. स्टील को चुंबकित करना सामान्य कठिन है क्योंकि
(ए) यह आसानी से खराब हो जाता है
(6) इसकी उच्च पारगम्यता है
(सी) इसमें उच्च विशिष्ट गुरुत्व है
(डी) इसकीकमपारगम्यताहै
15. बाएँ हाथ का नियम किससे संबंधित है?
(ए) एक कंडक्टर पर वर्तमान, प्रेरित ईएमएफ और बल की दिशा
(बी) चुंबकीय क्षेत्र, विद्युत क्षेत्र और कंडक्टर पर बल की दिशा
(सी) एक कंडक्टर पर आत्म प्रेरण, पारस्परिक प्रेरण और बल की दिशा
(डी) एककंडक्टरपरवर्तमान, चुंबकीयक्षेत्रऔरबलकीदिशा
16. आपेक्षिक पारगम्यता की इकाई है
(ए) हेनरी / मीटर

(बी) हेनरी

(सी) हेनरी / वर्ग। एम

(डी) <u>यहआयामहीनहै</u>

17. लम्बाई L के एक चालक में धारा I प्रवाहित होती है, जब इसे रखा जाता है चुंबकीय क्षेत्र के समानांतर। कंडक्टर द्वारा अनुभव किया गया बल होगा

(ए) <u>शून्य</u>

(बी) बीएलआई

(सी) बी2एलआई

(डी) बीएलआई2

18. दो लंबे समानांतर कंडक्टरों के बीच का बल के व्युत्क्रमानुपाती होता है

(ए) कंडक्टरों की त्रिज्या

(बी) एक कंडक्टर में वर्तमान

(सी) दो कंडक्टरों में वर्तमान का उत्पाद

(डी) <u>कंडक्टरोंकेबीचकीदूरी</u>

19. चुंबकत्व के तेजी से उत्क्रमण के अधीन सामग्री होनी चाहिए

(ए) बड़े क्षेत्र ओआईबी-एच लूप

(बी) <u>उच्चपारगम्यताऔरकमहिस्टैरिसीसनुकसान</u>

(सी) उच्च सह-ऊर्जा और उच्च प्रतिधारण

(डी) उच्च सह-ऊर्जा और कम घनत्व

20. इंगित करें कि निम्नलिखित में से कौन सी सामग्री चुंबकत्व को बरकरार नहीं रखती है

स्थायी रूप से।

(ए) <u>नरमलोहा</u>

(बी) स्टेनलेस स्टील

(ई) कठोर स्टील

(डी) उपरोक्त में से कोई नहीं

21. परमालॉय का मुख्य घटक है

(ए) कोबाल्ट

(बी) क्रोमियम

(सी) <u>निकल</u>

(डी) टंगस्टन

22. स्थायी चुम्बकों का उपयोग है। में नहीं बनाया गया

(ए) मैग्नेटो

(6) ऊर्जा मीटर

(सी) ट्रांसफार्मर
(डी) लाउड-स्पीकर
23. अनुचुम्बकीय पदार्थों में आपेक्षिक पारगम्यता होती है
(ए) एकता से थोड़ा कम
(बी) एकता के बराबर
(सी) एकतासेथोड़ाअधिक
(डी) उस फेरोमैग्नेटिक मेट रियाल के बराबर
25. वे पदार्थ जिनकी पारगम्यता मुक्त स्थान की पारगम्यता से कम होती है के रूप में जाना जाता है
(ए) लौहचुंबकीय
(बी) पैरामैग्नेटिक
(सी) प्रतिचुंबकीय
(डी) द्विध्रुवी
27. बाएं हाथ के नियम में, तर्जनी हमेशा का प्रतिनिधित्व करती है
(ए) वोल्टेज
(बी) वर्तमान
(सी) चुंबकीयक्षेत्र
(डी) कंडक्टर पर बल की दिशा
28. निम्नलिखित में से कौन लौहचुम्बकीय पदार्थ है ?
(ए) टंगस्टन
(बी) एल्यूमिनियम
(सी) कॉपर
(डी) निकेल
29. फेराइट का एक उपसमूह है
(ए) गैर-चुंबकीय सामग्री
(6) लौह-चुंबकीय सामग्री
(सी) पैरामैग्नेटिक सामग्री
(डी) फेरी-चुंबकीयसामग्री
30. गिल्बर्ट की एक इकाई है
(ए) इलेक्ट्रोमोटिव बल
(बी) मैग्नेटोमोटिवबल
(सी) चालन
(डी) पारगम्यता
51. बिजली की मात्रा के लिए इकाई है

(ए) एम्पीयर-घंटा

(बी) वाट

(सी) जूल

(डी) कूलम्ब

52. बायो-सावर्ट का नियम किसका सामान्य संशोधन है?

(ए) किरचॉफ कानून

(बी) लेनज़ का कानून

(सी) एम्पीयरकाकानून

(डी) फैराडे के कानून

53. नर्म लोहे से चुम्बक बनाने का सबसे प्रभावी और तेज मेय किसके द्‌वारा है?

(ए) इसेकरंटलेजानेवालीकॉइलकेअंदररखना

(बी) प्रेरण

(सी) स्थायी चुंबक का उपयोग

(डी) दूसरे चुंबक के साथ रगड़ना

54. चुंबकत्व के परिरक्षण या स्क्रीनिंग के लिए आमतौर पर इस्तेमाल की जाने वाली सामग्री है

(ए) तांबा

(बी) एल्यूमीनियम

(सी) नरमलोहा

(डी) पीतल

55. यदि एक तांबे की डिस्क को स्वतंत्र रूप से निलंबित चुंबकीय सुई के नीचे तेजी से घुमाया जाता है,

चुंबकीय सुई एक वेग के साथ घूमना शुरू कर देगी

(ए) डिस्क से कम लेकिन विपरीत दिशा में

(बी) डिस्क के बराबर और उसी दिशा में

(सी) डिस्क के बराबर और विपरीत दिशा में

(डी) डिस्कसेकमऔरएकहीदिशामें

56. एक स्थायी चुंबक

(ए) कुछपदार्थोंकोआकर्षितकरताहैऔरदूसरोंकोपीछेहटाताहै

(बी) सभी अनुचुंबकीय पदार्थों को आकर्षित करता है और दूसरों को पीछे हटाता है

(सी) केवल लौहचुंबकीय पदार्थों को आकर्षित करता है

(डी) फेरोमैग्नेटिक पदार्थों को आकर्षित करता है और अन्य सभी को पीछे हटा देता है

57. सामग्री की अवधारण (एक संपत्ति) के निर्माण के लिए उपयोगी है

(ए) स्थायीचुंबक

(बी) ट्रांसफार्मर
(सी) गैर चुंबकीय पदार्थ
(डी) विद्युत चुंबक
58. सामग्री की सापेक्ष पारगम्यता स्थिर नहीं है।
(ए) प्रतिचुंबकीय
(बी) पैरामैग्नेटिक
(सी) लौहचुंबकीय
(डी) इन्सुलेट
59. सामग्री हवा की तुलना में चुंबकीय प्रवाह के थोड़े अवर संवाहक हैं।
(ए) लौहचुंबकीय
(बी) पैरामैग्नेटिक
(सी) प्रतिचुंबकीय
(डी) ढांकता हुआ
60. चुंबकीय रूप से कठोर सामग्री के मामले में हिस्टैरिसीस लूप आकार में अधिक होता है:
चुंबकीय रूप से नरम सामग्री की तुलना में।
(ए) परिपत्र
(बी) त्रिकोणीय
(सी) आयताकार
(डी) उपरोक्त में से कोई नहीं
61. चुंबकीय क्षण M का एक आयताकार चुंबक उसी के दो टुकड़ों में काटा जाता है
लंबाई, प्रत्येक टुकड़े का चुंबकीय क्षण होगा
(पूर्वाह्न
(बी) एम / 2
(सी) 2 एम
(डी) एम / 4
62. एक कीपर का उपयोग किया जाता है
(ए) चुंबकीय रेखाओं की दिशा बदलें
(बी) प्रवाह बढ़ाना
(सी) खोए हुए प्रवाह को बहाल करें
(डी) प्रवाहकेलिएएकबंदपथप्रदानकरें
63. चुंबकीय क्षण a . है
(ए) ध्रुव ताकत
(6) सार्वभौमिक स्थिरांक

(सी) अदिश मात्रा

(डी) वेक्टरमात्रा

64. चुंबकीय क्षेत्र में कंडक्टर के क्रॉस-सेक्शनल क्षेत्र का परिवर्तन प्रभावित करेगा

(ए) कंडक्टर की अनिच्छा

(बी) कंडक्टर का प्रतिरोध

(सी) (ए) और (बी) दोनोंएकहीतरहसे

(डी) उपरोक्त में से कोई नहीं

65. एकसमान चुंबकीय क्षेत्र है

(ए) समानांतर कंडक्टर के एक सेट का क्षेत्र

(बी) एक कंडक्टर का क्षेत्र

(सी) वहक्षेत्रजिसमेंचुंबकीयप्रवाहकीसभीरेखाएंसमानांतरऔरसमानदूरीपरहोतीहैं

(डी) उपरोक्त में से कोई नहीं

66. चुंबक-प्रेरक बल है

(ए) रोमांचक कॉइल के दो सिरों में वोल्टेज

(बी) एक विद्युत प्रवाह का प्रवाह

(सी) चुंबकीयक्षेत्रकीएकपंक्तिद्वाराग्रहणकीगईसभीधाराओंकायोग

(डी) एक रोमांचक कुंडल के माध्यम से चुंबकीय क्षेत्र का मार्ग

91. निम्नलिखित में से किस सामग्री के लिए संतृप्ति मूल्य सबसे अधिक है?

(ए) फेरोमैग्नेटिक सामग्री

(6) अनुचुंबकीय पदार्थ

(सी) प्रतिचुंबकीय सामग्री

(डी) फेराइट्स

92. चुम्बकीय पदार्थ चुम्बकत्व का गुण प्रदर्शित करते हैं क्योंकि

(ए) इलेक्ट्रॉनों की कक्षीय गति

(बी) इलेक्ट्रॉनों का स्पिन

(सी) नाभिककेस्पिन

(डी) इनमें से कोई भी

93. निम्नलिखित में से किस सामग्री के लिए शुद्ध चुंबकीय क्षण शून्य होना चाहिए?

(ए) प्रतिचुंबकीय सामग्री

(बी) फेरिमैग्नेटिक सामग्री

(सी) एंटीफेरोमैग्नेटिकसामग्री

(डी) एंटीफेरिमैग्नेटिक सामग्री

94. विद्युत चुम्बक की आकर्षण क्षमता बढ़ जाएगी यदि

(ए) कोर लंबाई बढ़ जाती है i

(बी) कोर क्षेत्र बढ़ता है

(सी) प्रवाह घनत्व घटता है

(डी) प्रवाहघनत्वबढ़ताहै

95. निम्नलिखित में से कौन सा कथन सही है?

(ए) फेराइटकीचालकताफेरोमैग्नेटिकसामग्रीसेबेहतरहै

(बी) फेरोमैग्नेटिक सामग्री की चालकता फेराइट से बेहतर है

(सी) फेराइट की चालकता बहुत अधिक है

(डी) फेराइट की चालकता फेरोमैग्नेटिक सामग्री के समान होती है

96. अस्थायी चुम्बक का प्रयोग किया जाता है

(ए) लाउड-स्पीकर

(बी) जनरेटर

(सी) मोटर्स

(डी) उपरोक्तसभी

97. शोर वाले परिनालिका के मुख्य कारण हैं

(ए) प्रतिकर्षण के कारण अंत में टुकड़े टुकड़े से पंखे की मजबूत प्रवृत्ति
बल की चुंबकीय रेखाओं के बीच

(बी) असमान असर वाली सतह, जो चलती और के बीच गंदगी या असमान पहनने के कारण होती है

स्थिर भाग

(सी) उपरोक्तदोनों

(डी) उपरोक्त में से कोई नहीं

99. विद्युत चुम्बक के क्रोड में होना चाहिए

(ए) कम जबरदस्ती

(6) उच्च संवेदनशीलता

(सी) उपरोक्तदोनों

(डी) उपरोक्त में से कोई नहीं

100. चुंबक के चुंबकत्व को किसके द्वारा नष्ट किया जा सकता है?

(ए) हीटिंग

(बी) हथौड़ा मारना

(सी) दूसरे चुंबक की आगमनात्मक क्रिया द्वारा

(डी) उपरोक्तसभीतरीकोंसे

1. एक अर्धचालक .... बंधों द्वारा बनता है।

ए] सहसंयोजक

बी] इलेक्ट्रोवैलेंट

सी] समन्वय

डी] उपरोक्त में से कोई नहीं

2. एक अर्धचालक में प्रतिरोध का .... तापमान गुणांक होता है।

सकारात्मक

बी] शून्य

सी] नकारात्मक

डी] उपरोक्त में से कोई नहीं

3. सबसे अधिक इस्तेमाल किया जाने वाला सेमीकंडक्टर ....

ए] जर्मेनियम

बी] सिलिकॉन

सी] कार्बन

डी] सल्फर

6. एक शुद्ध सिलिकॉन की प्रतिरोधकता लगभग ....

ए] 100 ओ सेमी

बी] 6000 हेसेमी

सी] 3 x 105 ओ एम

डी] 6 x 10-8 हे सेमी

7. जब एक शुद्ध अर्धचालक को गर्म किया जाता है तो उसका प्रतिरोध ....

ए] ऊपर जाता है

बी] नीचेचलाजाताहै

सी] वही रहता है

डी] नहीं कह सकता

8. सेमीकंडक्टर क्रिस्टल की ताकत .... से आती है।

ए] नाभिकों के बीच बल

बी] प्रोटॉन के बीच बल

सी] इलेक्ट्रॉन-जोडीबंधन

डी] उपरोक्त में से कोई नहीं

9. जब एक शुद्ध अर्धचालक में पेंटावैलेंट अशुद्धता डाली जाती है, तो यह ....

ए] एक इन्सुलेटर

बी] एक आंतरिक अर्धचालक

सी] पी-प्रकार अर्धचालक

डी] एन-प्रकारअर्धचालक

10. अर्धचालक में पेंटावैलेंट अशुद्धता मिलाने से कई ....

ए] मुक्तइलेक्ट्रॉन

बी] छेद

सी] वैलेंस इलेक्ट्रॉन

डी] बाध्य इलेक्ट्रॉन

11. एक पेंटावैलेंट अशुद्धता में .... अणु की संयोजन क्षमता

ए] 35

बी] 4

सी] 6

12. एक n-प्रकार का अर्धचालक .... है

ए] सकारात्मक चार्ज

बी] नकारात्मक चार्ज

सी] विद्युतरूपसेतटस्थ

डी] उपरोक्त में से कोई नहीं

14. अर्धचालक में त्रिसंयोजी अशुद्धता मिलाने से अनेक .... का निर्माण होता है।

ए] छेद

बी] मुक्त इलेक्ट्रॉन

सी] वैलेंस इलेक्ट्रॉन

डी] बाध्य इलेक्ट्रॉन

15. अर्धचालक में एक छिद्र को .... के रूप में परिभाषित किया जाता है।

ए] एक मुक्त इलेक्ट्रॉन

बी] एकइलेक्ट्रॉनजोड़ीबंधनकाअधूराहिस्सा

सी] एक मुक्त प्रोटॉन

डी] एक मुक्त न्यूट्रॉन

16. एक बाह्य अर्धचालक में अशुद्धता स्तर शुद्ध अर्धचालक का लगभग ..... होता है।

ए] 108 परमाणुओं के लिए 10 परमाणु

बी] 108 परमाणुओंकेलिए 1 परमाणु

सी] 104 परमाणुओं के लिए 1 परमाणु

डी] 100 परमाणुओं के लिए 1 परमाणु

17. जैसे-जैसे शुद्ध अर्धचालक का डोपिंग बढ़ता है, अर्धचालक का थोक प्रतिरोध ....

ए] वही रहता है

बी] बढ़ता है

सी] घटताहै

डी] उपरोक्त में से कोई नहीं

18. निकट में एक छिद्र और इलेक्ट्रॉन .... की ओर प्रवृत्त होंगे।

ए] एक दूसरे को पीछे हटाना

बी] <u>एकदूसरेकोआकर्षितकरें</u>

सी] एक दूसरे पर कोई प्रभाव नहीं है

डी] उपरोक्त में से कोई नहीं

19. एक अर्धचालक में, धारा चालन .... के कारण होता है।

ए] केवल छेद

B] केवल मुक्त इलेक्ट्रॉन

सी] <u>छेदऔरमुक्तइलेक्ट्रॉन</u>

डी] उपरोक्त में से कोई नहीं

20. थर्मल आंदोलन के कारण छिद्रों और मुक्त इलेक्ट्रॉनों की यादृच्छिक गति को .... कहा जाता है।

ए] <u>प्रसार</u>

बी] दबाव

सी] आयनीकरण

डी] उपरोक्त में से कोई नहीं

21. एक अग्रदिशिक बायस्ड pn जंक्शन डायोड में कोटि का प्रतिरोध होता है

ए] <u>ठीकहै</u>

बी] ओ

सी] एमओ

डी] उपरोक्त में से कोई नहीं

22. एक पीएन जंक्शन पूर्वाग्रह को आगे बढ़ाने के लिए आवश्यक बैटरी कनेक्शन हैं ......

A] <u>+ve टर्मिनलसे p और –ve टर्मिनलसे n . तक</u>

B] -ve टर्मिनल से p और +ve टर्मिनल से n

C] -ve टर्मिनल से p और -ve टर्मिनल से n . तक

डी] उपरोक्त में से कोई नहीं

23. जर्मेनियम के लिए pn जंक्शन पर बैरियर वोल्टेज लगभग .... के बारे में है

ए] 5 वी

बी] 3 वी

सी] शून्य

डी] <u>3 वी</u>

24. pn जंक्शन के ह्रास क्षेत्र में .... की कमी होती है।

ए] स्वीकर्ता आयन

बी] <u>छेदऔरइलेक्ट्रॉन</u>

सी] दाता आयन

डी] उपरोक्त में से कोई नहीं

25. एक रिवर्स बायस पीएन जंक्शन में ....

ए] संकीर्ण कमी परत

बी] लगभगकोईवर्तमाननहीं

सी] बहुत कम प्रतिरोध

डी] बड़ा वर्तमान प्रवाह

26. एक पीएन जंक्शन .... के रूप में कार्य करता है।

ए] नियंत्रित स्विच

बी] द्विदिश स्विच

सी] यूनिडायरेक्शनलस्विच

डी] उपरोक्त में से कोई नहीं

27. एक रिवर्स बायस्ड pn जंक्शन में के क्रम का प्रतिरोध होता है

ठीक

बी] ओ

सी] एमओ

डी] उपरोक्त में से कोई नहीं

28. एक pn जंक्शन के आर-पार लीकेज करंट .... के कारण होता है।

ए] अल्पसंख्यकवाहक

बी] अधिकांश वाहक

सी] जंक्शन समाई

डी] उपरोक्त में से कोई नहीं

29. जब एक बाह्य अर्धचालक का तापमान बढ़ा दिया जाता है, तो स्पष्ट प्रभाव ......

ए] जंक्शन समाई

बी] अल्पसंख्यकवाहक

सी] अधिकांश वाहक

डी] उपरोक्त में से कोई नहीं

30. एक पीएन जंक्शन के लिए आगे के पूर्वाग्रह के साथ, कमी परत की चौड़ाई ....

ए] घटताहै

बी] बढ़ता है

सी] वही रहता है

डी] उपरोक्त में से कोई नहीं

31. एक pn जंक्शन में लीकेज करंट के क्रम का है

ए] आ

बी] एमए

सी] केए

डी] µA

32. एक आंतरिक अर्धचालक में, मुक्त इलेक्ट्रॉनों की संख्या ....

ए] छिद्रोंकीसंख्याकेबराबरहोतीहै

बी] छिद्रों की संख्या से अधिक है

C] छिद्रों की संख्या से कम है

डी] उपरोक्त में से कोई नहीं

33. कमरे के तापमान पर, एक आंतरिक अर्धचालक में ....

ए] केवल कई छेद

B] कुछमुक्तइलेक्ट्रॉनऔरछिद्र

C] केवल कई मुक्त इलेक्ट्रॉन

डी] कोई छेद या मुक्त इलेक्ट्रॉन नहीं

34. पूर्ण तापमान पर, एक आंतरिक अर्धचालक में ....

ए] कुछ मुक्त इलेक्ट्रॉन

बी] कई छेद

सी] कई मुक्त इलेक्ट्रॉन

डी] कोईछेदयामुक्तइलेक्ट्रॉननहीं

35. कमरे के तापमान पर, एक आंतरिक सिलिकॉन क्रिस्टल लगभग ...... के रूप में कार्य करता है

ए] एक बैटरी

बी] एक कंडक्टर

सी] एकइन्सुलेटर

डी] तांबे के तार का एक टुकड़ा

1. एक क्रिस्टल डायोड में ....

एक पीएन जंक्शन

दो पीएन जंक्शन

तीन पीएन जंक्शन

इनमे से कोई भी नहीं

उत्तर: 1

2. एक क्रिस्टल डायोड में .... के क्रम का अग्रगामी प्रतिरोध होता है।

को

में

म

इनमे से कोई भी नहीं

उत्तर: 2

3. यदि क्रिस्टल डायोड प्रतीक का तीर धनात्मक wrt बार है, तो डायोड .... पक्षपाती है।

आगे

उल्टा

या तो आगे या पीछे

इनमे से कोई भी नहीं

उत्तर: 1

सेमीकंडक्टर डायोड

प्रश्न और उत्तर पीडीएफ

4. डायोड में रिवर्स करंट .... के क्रम का होता है।

केए

एमए

μA

ए

उत्तर: 3

5. एक सिलिकॉन डायोड के आर-पार आगे की वोल्टेज ड्रॉप होती है के बारे में ....

2.5 वी

3 वी

10 वी

0.7 वी

उत्तर: 4

6. क्रिस्टल डायोड का प्रयोग .... के रूप में किया जाता है।

एक प्रवर्धक

एक सुधारक

एक थरथरानवाला

एक वोल्टेज नियामक

उत्तर: 2

7. किसी क्रिस्टल डायोड का dc प्रतिरोध .... उसका ac प्रतिरोध होता है

बराबर

इससे अधिक

से कम

इनमे से कोई भी नहीं

उत्तर: 3

8. एक आदर्श क्रिस्टल डायोड वह होता है जो एक आदर्श के रूप में व्यवहार करता है ....

जब आगे पक्षपाती।

कंडक्टर

इन्सुलेटर

प्रतिरोध सामग्री

इनमे से कोई भी नहीं

उत्तर: 1

9. a . के विपरीत प्रतिरोध और अग्र प्रतिरोध का अनुपात

जर्मेनियम क्रिस्टल डायोड लगभग ....

1 1

100: 1

1000: 1

40,000 : 1

उत्तर: 4

10. क्रिस्टल डायोड में लीकेज करंट .... के कारण होता है।

अल्पसंख्यक वाहक

बहुसंख्यक वाहक

जंक्शन समाई

इनमे से कोई भी नहीं

उत्तर: 1

11. यदि क्रिस्टल डायोड का तापमान बढ़ जाता है, तो रिसाव

वर्तमान ....

वैसा ही रहता है

कम हो जाती है

बढ़ती है

शून्य हो जाता है

उत्तर: 3

12. एक क्रिस्टल डायोड की PIV रेटिंग .... समकक्ष की होती है

वैक्यूम डायोड

बराबर

से कम

इससे अधिक

इनमे से कोई भी नहीं

उत्तर: 2

13. यदि क्रिस्टल डायोड का डोपिंग स्तर बढ़ा दिया जाता है, तो ब्रेकडाउन वोल्टेज............।

वैसा ही रहता है

बढ़ जाती है

घटा है

इनमे से कोई भी नहीं

उत्तर: 3

14. क्रिस्टल डायोड का घुटना वोल्टेज लगभग बराबर होता है प्रति ....।

एप्लाइड वोल्टेज

बिजली की ख़राबी

वोल्टेज आगे बढ़ाएं

बाधा क्षमता

उत्तर: 4

15. जब धारा के माध्यम से और वोल्टेज के बीच का ग्राफ a डिवाइस एक सीधी रेखा है, डिवाइस को .... के रूप में संदर्भित किया जाता है।

रैखिक

सक्रिय

अरेखीय

निष्क्रिय

उत्तर: 1

16. जब क्रिस्टल करंट डायोड करंट बड़ा होता है, तो बायस ....

आगे

श्लोक में

गरीब

उल्टा

उत्तर: 1

17. एक क्रिस्टल डायोड एक .... डिवाइस है

गैर रेखीय

द्विपक्षीय

रैखिक

इनमे से कोई भी नहीं

उत्तर: 1

18. एक क्रिस्टल डायोड सुधार के लिए .... विशेषता का उपयोग करता है

उल्टा

आगे

आगे या पीछे

इनमे से कोई भी नहीं

उत्तर: 2

19. जब एक क्रिस्टल डायोड को रेक्टिफायर के रूप में प्रयोग किया जाता है, तो सबसे महत्वपूर्ण

विचारणीय है ....

आगे की विशेषता

डोपिंग स्तर

रिवर्स विशेषता

तस्वीर रेटिंग

उत्तर: 4

20. यदि क्रिस्टल डायोड में डोपिंग स्तर बढ़ा दिया जाता है, तो की चौड़ाई

रिक्तिकरण परत...........

वैसा ही रहता है

घटा है

वृद्धि में

इनमे से कोई भी नहीं

उत्तर: 3

21. एक जेनर डायोड में ....

एक पीएन जंक्शन

दो पीएन जंक्शन

तीन पीएन जंक्शन

इनमे से कोई भी नहीं

उत्तर: 1

22. जेनर डायोड का उपयोग .... के रूप में किया जाता है।

एक प्रवर्धक

एक वोल्टेज नियामक

एक सुधारक

एक मल्टीवीब्रेटर

उत्तर: 2

23. जेनर डायोड में डोपिंग स्तर क्रिस्टल डायोड का .... होता है

बराबर
से कम
इससे अधिक
इनमे से कोई भी नहीं
उत्तर: 3
24. एक जेनर डायोड हमेशा .... से जुड़ा रहता है।
उल्टा
आगे
या तो उल्टा या आगे
इनमे से कोई भी नहीं
उत्तर: 1
25. एक जेनर डायोड अपने संचालन के लिए .... विशेषताओं का उपयोग करता है।
आगे
उल्टा
आगे और पीछे दोनों
इनमे से कोई भी नहीं
उत्तर: 2
26. ब्रेकडाउन क्षेत्र में, जेनर डिडो एक .... की तरह व्यवहार करता है।
स्रोत।
स्थिर वोल्टेज
सतत प्रवाह
निरंतर प्रतिरोध
इनमे से कोई भी नहीं
उत्तर: 1
27. एक जेनर डायोड नष्ट हो जाता है यदि यह ....
आगे पक्षपाती है
उल्टा पक्षपाती है
रेटेड वर्तमान से अधिक वाहक
इनमे से कोई भी नहीं
उत्तर: 3
28. जेनर सर्किट में एक श्रृंखला प्रतिरोध .... से जुड़ा है।
जेनर को ठीक से उलट दें
जेनर की रक्षा करें
जेनर बायस को ठीक से फॉरवर्ड करें

इनमे से कोई भी नहीं

उत्तर: 2

29. एक जेनर डायोड .... होता है। उपकरण

एक गैर-रैखिक

एक रैखिक

एक प्रवर्धक

इनमे से कोई भी नहीं

उत्तर: 1

30. एक जेनर डायोड में .... ब्रेकडाउन वोल्टेज होता है

अपरिभाषित

तीखा

शून्य

इनमे से कोई भी नहीं

उत्तर: 2

31. .... रेक्टिफायर का फॉरवर्ड रेजिस्टेंस सबसे कम होता है

ठोस अवस्था

वेक्यूम - ट्यूब

गैस ट्यूब

इनमे से कोई भी नहीं

उत्तर: 1

32. मेन्स एसी पावर को .... के लिए डीसी पावर में परिवर्तित किया जाता है।

प्रकाश के उद्देश्य

हीटर

इलेक्ट्रॉनिक उपकरणों में उपयोग करना

इनमे से कोई भी नहीं

उत्तर: 3

33. हाफ वेव रेक्टिफायर का नुकसान यह है कि ....

घटक महंगे हैं

डायोड की उच्च शक्ति रेटिंग होनी चाहिए

आउटपुट को फ़िल्टर करना मुश्किल है

इनमे से कोई भी नहीं

उत्तर: 3

34. यदि हाफ-वेव रेक्टिफायर का एसी इनपुट 400/√2 . का आरएमएस मान है वोल्ट, तो डायोड PIV रेटिंग .... है।

400/√2 वी

400 वी

400 x 2 वी

इनमे से कोई भी नहीं

उत्तर: 2

35. हाफ-वेव रेक्टिफायर का रिपल फैक्टर .... है

21

.21

2.5

0.48

उत्तर: 4

36. .... के लिए ट्रांसफार्मर की आवश्यकता होती है।

हाफ-वेव रेक्टिफायर

सेंटर-टैप फुल-वेव रेक्टिफायर

ब्रिज फुल-वेव रेक्टिफायर

इनमे से कोई भी नहीं

उत्तर: 2

37. ब्रिज रेक्टिफायर में प्रत्येक डायोड की PIV रेटिंग .... that . है

समतुल्य केंद्र-टैप दिष्टकारी का

एक आधा

बराबर

दो बार

चार बार

उत्तर: 1

38. समान माध्यमिक वोल्टेज के लिए, एक सेंटेप से आउटपुट वोल्टेज रेक्टिफायर ब्रिज रेक्टिफायर की तुलना में .... होता है

दो बार

तीन बार

चार बार

एक आधा

उत्तर: 4

39. यदि किसी डायोड की PIV रेटिंग पार हो जाती है, ...

डायोड खराब आचरण करता है

डायोड नष्ट हो जाता है

डायोड जेनर डायोड की तरह व्यवहार करता है

इनमे से कोई भी नहीं

उत्तर: 2

40. एक 10 वी बिजली की आपूर्ति .... का उपयोग करेगी। फिल्टर कैपेसिटर के रूप में।

कागज संधारित्र

अभ्रक संधारित्र

विद्युत - अपघटनी संधारित्र

वायु संधारित्र

उत्तर: 3

41. एक 1,000 वी बिजली की आपूर्ति फिल्टर कैपेसिटर के रूप में .... का उपयोग करेगी

कागज संधारित्र

वायु संधारित्र

अभ्रक संधारित्र

विद्युत - अपघटनी संधारित्र

उत्तर: 1

42. .... फ़िल्टर सर्किट का परिणाम सर्वोत्तम वोल्टेज विनियमन में होता है

चोक इनपुट

संधारित्र इनपुट

प्रतिरोध इनपुट

इनमे से कोई भी नहीं

उत्तर: 1

43. एक हाफ-वेव रेक्टिफायर में 240 V rms का इनपुट वोल्टेज होता है यदि
स्टेप डाउन ट्रांसफॉर्मर का टर्न रेशियो 8:1 है, पीक लोड कितना है?
वोल्टेज? डायोड ड्रॉप पर ध्यान न दें।

27.5 वी

86.5 वी

30 वी

42.5 वी

उत्तर: 4

44. हाफ-वेव रेक्टिफायर की अधिकतम दक्षता .... है।

40.6%

81.2%

50%

25%

उत्तर: 1

45. सबसे व्यापक रूप से इस्तेमाल किया जाने वाला रेक्टिफायर .... है।

हाफ-वेव रेक्टिफायर

सेंटर-टैप फुल-वेव रेक्टिफायर

ब्रिज फुल-वेव रेक्टिफायर

इनमे से कोई भी नहीं

उत्तर:3

1. निम्नलिखित में से कौन डीसी सिस्टम के अनुप्रयोग हैं?

(ए) बैटरी चार्जिंग कार्य

(बी) आर्क वेल्डिंग

(सी) इलेक्ट्रोलाइटिक और इलेक्ट्रो-रासायनिक प्रक्रियाएं

(डी) सर्च लाइट के लिए आर्क लैंप

(ई) उपरोक्त सभी

उत्तर: ई

2. एसी सिस्टम को डीसी में बदलने के लिए निम्नलिखित में से कौन सी विधि का उपयोग किया जा सकता है?

(ए) रेक्टीफायर्स

(बी) मोटर कन्वर्टर्स

(सी) मोटर-जनरेटर सेट

(डी) रोटरी कन्वर्टर्स

(ई) उपरोक्त सभी

उत्तर: ई

3. सिंगल फेज रोटरी कन्वर्टर में स्लिप रिंग्स की संख्या होगी

(दो

(बी) तीन

(सी) चार

(डी) छह

(ई) कोई नहीं

उत्तर: ए

4. एक तुल्यकालिक कनवर्टर शुरू किया जा सकता है

(ए) एक छोटी सहायक मोटर के माध्यम से

(बी) एसी से। प्रेरण मोटर के रूप में पक्ष

(सी) डीसी पक्ष से डीसी मोटर के रूप में

(डी) उपरोक्त विधियों में से कोई भी

(ई) उपरोक्त विधियों में से कोई नहीं

उत्तर: डी

5. एक रोटरी कनवर्टर एक मशीन है जिसमें

(ए) एक आर्मेचर और एक क्षेत्र

(बी) दो आर्मेचर और एक क्षेत्र

(सी) एक आर्मेचर और दो फ़ील्ड

(डी) उपरोक्त में से कोई नहीं

उत्तर: ए

6. एक रोटरी कनवर्टर के कार्य को जोड़ता है

(ए) एक प्रेरण मोटर और एक डीसी जनरेटर

(बी) एक तुल्यकालिक मोटर और एक डीसी जनरेटर।

(सी) एक डीसी श्रृंखला मोटर और एक डीसी जनरेटर

(डी) उपरोक्त में से कोई नहीं

उत्तर: बी

7. निम्नलिखित में से कौन क्रिया में प्रतिवर्ती है?

(ए) मोटर जनरेटर सेट

(बी) मोटर कनवर्टर

(सी) रोटरी कनवर्टर

(डी) उपरोक्त में से कोई भी

(ई) उपरोक्त में से कोई नहीं

उत्तर: सी

8. निम्नलिखित में से कौन सी धातु आमतौर पर इलेक्ट्रोलिसिस द्वारा निर्मित होती है प्रक्रिया ?

(भार

(बी) एल्यूमिनियम

(सी) कॉपर

(डी) जिंक

(ई) उपरोक्त में से कोई नहीं

उत्तर: बी

9. मोटर कनवर्टर के साथ केवल डीसी वोल्टेज प्राप्त करना संभव है

(ए) 200-100 वी

(6) 600-800 वी

(सी) 1000-1200 वी

(डी) 1700-2000 वी

उत्तर: डी

10. आम तौर पर, निम्न में से किसका उपयोग किया जाता है, जब से बड़े पैमाने पर रूपांतरण होता है

एसी। डीसी बिजली की आवश्यकता है?

(ए) मोटर-जनरेटर सेट

(बी) मोटर कनवर्टर

(सी) रोटरी कनवर्टर

(डी) बुध चाप सुधारक

उत्तर: डी

11. सामान्य निर्माण और डिजाइन में एक रोटरी कनवर्टर, कमोबेश पसंद है

(ए) एक ट्रांसफार्मर

(बी) एक प्रेरण मोटर

(सी) एक अल्टरनेटर

(डी) कोई डीसी मशीन

उत्तर: डी

12. एक रोटरी कनवर्टर a . पर काम करता है

(ए) कम शक्ति कारक

(6) उच्च शक्ति कारक

(सी) शून्य शक्ति कारक

(डी) उपरोक्त में से कोई नहीं

उत्तर: बी

13. निम्नलिखित में से किस अनुप्रयोग में, प्रत्यक्ष धारा नितांत आवश्यक है?

(ए) रोशनी

(बी) इलेक्ट्रोलिसिस

(सी) परिवर्तनीय गति संचालन

(डी) कर्षण

उत्तर: बी

14. निम्नलिखित में से कौन सी ए.सी. मोटर्स का उपयोग आमतौर पर बड़े मोटर-जनरेटर में किया जाता है

सेट?

(ए) तुल्यकालिक मोटर

(बी) गिलहरी पिंजरे प्रेरण मोटर

(सी) स्लिप रिंग इंडक्शन मोटर

(डी) उपरोक्त में से कोई भी

उत्तर: ए

15. एक रोटरी कनवर्टर में आर्मेचर धाराएं होती हैं
(ए) डीसी केवल
(बी) एसी केवल
(सी) आंशिक रूप से एसी और आंशिक रूप से डीसी
उत्तर: सी

16. निम्नलिखित में से किस उपकरण में प्रत्यक्ष धारा की आवश्यकता होती है?
(ए) टेलीफोन
(बी) रिले
(सी) समय स्विच
(D। उपरोक्त सभी
उत्तर: डी

17. एक रोटरी कनवर्टर में I2R उसी के डीसी जनरेटर की तुलना में नुकसान आकार होगा
(ए) वही
(आशीर्वाद देना
(सी) डबल
(डी) तीन बार
उत्तर: बी

18. एक मरकरी आर्क रेक्टिफायर में धनात्मक आयन किस ओर आकर्षित होते हैं?
(ए) एनोड
(बी) कैथोड
(सी) खोल नीचे
(डी) पारा पूल
उत्तर: बी

19. आर्क रेक्टिफायर में बुध को कैथोड के लिए चुना जाता है क्योंकि
(ए) इसकी आयनीकरण क्षमता अपेक्षाकृत कम है
(बी) इसका परमाणु भार काफी अधिक है
(सी) इसका क्वथनांक और विशिष्ट गर्मी कम है
(डी) यह सामान्य तापमान पर तरल अवस्था में रहता है
(ई) उपरोक्त सभी
उत्तर: ई

20. पारे का आयनन विभव लगभग है
(ए) 5.4 वी

(बी) 8.4 वी

(सी) 10.4 वी

(डी) 16.4 वी

उत्तर: सी

21. मरकरी आर्क दिष्टकारी में चाप में संभावित गिरावट अलग-अलग होती है

(ए) 0.05 वी से 0.2 वी प्रति सेमी लंबाई चाप

(बी) 0.5 वी से 1.5 वी प्रति सेमी लंबाई चाप

(सी) 2 वी से 3.5 वी प्रति सेमी लंबाई चाप

(डी) उपरोक्त में से कोई नहीं

उत्तर: डी

22. एक पारा चाप दिष्टकारी के एनोड और कैथोड के बीच वोल्टेज ड्रॉप निम्नलिखित से मिलकर बनता है

(ए) एनोड ड्रॉप और कैथोड ड्रॉप

(बी) एनोड ड्रॉप और आर्क ड्रॉप

(सी) कैथोड ड्रॉप और आर्क ड्रॉप

(डी) एनोड ड्रॉप, कैथोड ड्रॉप और आर्क ड्रॉप

उत्तर: डी

23. ग्लास रेक्टिफायर आमतौर पर डीसी आउटपुट (अधिकतम .) में सक्षम इकाइयों में बने होते हैं

निरंतर रेटिंग) का

(ए) 100 ए 100 वी . पर

(बी) 200 ए 200 वी . पर

(सी) 300 ए 300 वी . पर

(डी) 400 ए 400 वी . पर

(ई) 500 ए 500 वी . पर

उत्तर: ई

24. मरकरी आर्क रेक्टिफायर में एनोड पर वोल्टेज ड्रॉप किसके कारण होता है?

(ए) पारा की स्वयं बहाल संपत्ति

(बी) उच्च आयनीकरण क्षमता

(सी) इलेक्ट्रोस्टैटिक क्षेत्र पर काबू पाने में खर्च की गई ऊर्जा

(डी) रेक्टिफायर के अंदर उच्च तापमान

उत्तर: सी

25. एक मरकरी आर्क दिष्टकारी की आंतरिक दक्षता निर्भर करती है

(ए) केवल वोल्टेज

(बी) केवल वर्तमान
(सी) वोल्टेज और वर्तमान
(डी) वर्तमान का आरएमएस मूल्य
(ई) उपरोक्त में से कोई नहीं
उत्तर: ए

26. यदि मरकरी आर्क रेक्टिफायर में कैथोड और एनोड कनेक्शन आपस में बदले जाते हैं
(ए) रेक्टिफायर काम नहीं करेगा
(बी) आंतरिक नुकसान कम हो जाएगा
(सी) आयन और इलेक्ट्रॉन दोनों धाराएं एक ही दिशा में आगे बढ़ेंगी
(डी) रेक्टिफायर कम दक्षता पर काम करेगा
उत्तर: ए

27. मरकरी आर्क रेक्टिफायर में कैथड वोल्टेज ड्रॉप किसके कारण होता है?
(ए) आयनीकरण में ऊर्जा का व्यय
(बी) सतह प्रतिरोध
(सी) इलेक्ट्रोस्टैटिक क्षेत्र पर काबू पाने में ऊर्जा का व्यय
(डी) पारा से इलेक्ट्रॉनों को मुक्त करने में ऊर्जा का व्यय
उत्तर: डी

28. पारा चाप दिष्टकारी में कैथोड स्पॉट उत्पन्न करने के लिए
(ए) एनोड गरम किया जाता है
(बी) ट्यूब खाली हो गई है
(सी) एक सहायक इलेक्ट्रोड का उपयोग किया जाता है
(डी) कम पारा वाष्प दबाव का उपयोग किया जाता है
उत्तर: सी

29. मरकरी आर्क रेक्टिफायर का लाभ यह है कि
(ए) यह वजन में हल्का है और छोटे फर्श की जगह घेरता है
(बी) इसकी उच्च दक्षता है
(सी) इसमें उच्च अधिभार क्षमता है
(डी) यह तुलनात्मक रूप से नीरव है
(ई) उपरोक्त सभी
उत्तर: ई

30. एक मरकरी पूल दिष्टकारी में, उसके इलेक्ट्रोडों पर वोल्टेज गिरता है
(ए) लोड के सीधे आनुपातिक है
(बी) लोड के विपरीत आनुपातिक है

(सी) लोड वर्तमान के साथ तेजी से बदलता है

(डी) लोड वर्तमान से लगभग स्वतंत्र है

उत्तर: डी

रेक्टीफायर और कन्वर्टर्स - इलेक्ट्रिकल इंजीनियरिंग साक्षात्कार प्रश्न और जवाब

31. तीन-चरण पारा चाप रेक्टिफायर में प्रत्येक एनोड के लिए आचरण करता है

(ए) एक चक्र का एक तिहाई

(बी) एक चक्र का एक चौथाई

(सी) एक आधा चक्र

(डी) एक चक्र का दो तिहाई

उत्तर: ए

32. मरकरी आर्क रेक्टिफायर में नीले रंग की विशेषता किसके कारण होती है?

(ए) पारा का रंग

(बी) आयनीकरण

(सी) उच्च तापमान

(डी) इलेक्ट्रॉन धाराएं

उत्तर: बी

33. निम्न में से कौनसा मरकरी आर्क रेक्टिफायर कम से कम लहरदार डिलीवर करेगा वर्तमान?

(ए) छह चरण

(बी) तीन चरण

(सी) दो चरण

(डी) एकल चरण

उत्तर: ए

34. एक ग्लास बल्ब मरकरी आर्क रेक्टिफायर में अधिकतम करंट रेटिंग प्रतिबंधित है प्रति

(ए) 2000 ए

(बी) 1500 ए

(सी) 1000 ए

(डी) 500 ए

उत्तर: डी

35. मरकरी आर्क रेक्टिफायर में एनोड से कैथोड की ओर प्रवाहित होता है

(ए) आयनों

(बी) इलेक्ट्रॉनों

(सी) आयन और इलेक्ट्रॉन

(डी) उपरोक्त में से कोई भी

उत्तर: ए

36. जब एक रेक्टिफायर लोड किया जाता है तो निम्न में से कौन सी वोल्टेज ड्रॉप होती है?

(ए) ट्रांसफार्मर प्रतिक्रिया में वोल्टेज ड्रॉप

(6) ट्रांसफार्मर और स्मूथिंग चोक के प्रतिरोध में वोल्टेज की गिरावट

(सी) आर्क वोल्टेज ड्रॉप

(D। उपरोक्त सभी

उत्तर: डी

37. निम्नलिखित में से किस कारक पर चरणों की संख्या जिसके लिए एक रेक्टिफायर निर्भर डिजाइन किया जाना चाहिए?

(ए) रेक्टिफायर का वोल्टेज विनियमन कम होना चाहिए

(बी) आउटपुट सर्किट में कोई हार्मोनिक्स नहीं होना चाहिए

(सी) सिस्टम का पावर फैक्टर उच्च होना चाहिए

(डी) रेक्टिफायर आपूर्ति ट्रांसफार्मर का सर्वोत्तम लाभ के लिए उपयोग किया जाना चाहिए

(ई) उपरोक्त सभी

उत्तर: ई

38. एक मरकरी आर्क रेक्टिफायर में __________ विनियमन विशेषताएँ होती हैं

(एक सीधी पंक्ति

(बी) घुमावदार रेखा

(सी) घातीय

(डी) उपरोक्त में से कोई नहीं

उत्तर: डी

39. यह ट्रांसफॉर्मर का ________ है जिस पर के कोण का परिमाण होता है ओवरलैप निर्भर करता है।

(ए) प्रतिरोध

(बी) समाई

(सी) रिसाव प्रतिक्रिया

(डी) उपरोक्त में से कोई भी

उत्तर: सी

41. पारा चाप रेक्टिफायर के ग्रिड नियंत्रण में जब ग्रिड को धनात्मक बनाया जाता है कैथोड के सापेक्ष, तो यह उनके इलेक्ट्रॉनों को एनोड पर ले जा सकता है।

(ए) तेज करता है

(बी) धीमा

(सी) उपरोक्त में से कोई भी

(डी) उपरोक्त में से कोई नहीं

उत्तर: ए

42. ग्रिड वाले मरकरी आर्क रेक्टिफायर में, चाप को एनोड और के बीच मारा जा सकता है

कैथोड तभी होता है जब ग्रिड एक निश्चित क्षमता प्राप्त कर लेता है, इस क्षमता को ज्ञात किया जा रहा है

जैसा

(ए) अधिकतम ग्रिड वोल्टेज

(बी) महत्वपूर्ण ग्रिड वोल्टेज

(सी) उपरोक्त में से कोई भी

(डी) उपरोक्त में से कोई नहीं

उत्तर: बी

43. चरण-शिफ्ट नियंत्रण विधि में ग्रिड के परिवर्तन से नियंत्रण किया जाता है

वोल्टेज।

(ए) परिमाण

(बी) ध्रुवीयता

(सी) चरण

(डी) उपरोक्त में से कोई भी

(ई) उपरोक्त में से कोई नहीं

उत्तर: सी

16.44. चरण-शिफ्ट नियंत्रण पद्धति में, एनोड और ग्रिड के बीच चरण परिवर्तन

वोल्टेज के माध्यम से प्राप्त किया जा सकता है

(ए) शंट मोटर

(6) तुल्यकालिक मोटर

(सी) प्रेरण नियामक

(डी) तुल्यकालिक जनरेटर

उत्तर: सी

45. वाल्व रेक्टिफायर की तुलना में मेटल रेक्टिफायर को प्राथमिकता दी जाती है, जिसके कारण

निम्नलिखित फायदे?

(ए) वे यांत्रिक रूप से मजबूत हैं

(बी) उन्हें फिलामेंट हीटिंग के लिए किसी वोल्टेज की आवश्यकता नहीं होती है
(सी) दोनों (ए) और (बी)
(डी) उपरोक्त में से कोई नहीं
उत्तर: सी

46. निम्नलिखित में से कौन सा कथन गलत है?
(ए) कॉपर ऑक्साइड दिष्टकारी एक रैखिक उपकरण है
(बी) कॉपर ऑक्साइड दिष्टकारी एक पूर्ण शुद्ध करनेवाला नहीं है
(सी) कॉपर ऑक्साइड दिष्टकारी की दक्षता कम होती है
(डी) कॉपर ऑक्साइड रेक्टिफायर नियंत्रण सर्किट में उपयोग पाता है
(ई) प्रारंभिक जीवन के दौरान कॉपर ऑक्साइड दिष्टकारी स्थिर नहीं है
उत्तर: ए

47. कॉपर ऑक्साइड रेक्टिफायर की दक्षता शायद ही कभी अधिक होती है
(ए) 90 से 95%
(बी) 85 से 90%
(सी) 80 से 85%
(डी) 65 से 75%
उत्तर: डी

48. कॉपर ऑक्साइड रेक्टिफायर आमतौर पर ऊपर संचालित नहीं करने के लिए डिज़ाइन किया गया है
(ए) 10 डिग्री सेल्सियस
(बी) 20 डिग्री सेल्सियस
(सी) 30 डिग्री सेल्सियस
(डी) 45 डिग्री सेल्सियस
उत्तर: डी

49. सेलेनियम रेक्टिफायर को उच्च तापमान पर संचालित किया जा सकता है
(ए) 25 डिग्री सेल्सियस
(बी) 40 डिग्री सेल्सियस
(सी) 60 डिग्री सेल्सियस
(डी) 75 डिग्री सेल्सियस
उत्तर: डी

50. सेलेनियम रेक्टिफायर में _______ से _______ प्रतिशत तक की क्षमता होती है प्राप्य हैं
(ए) 25, 35
(बी) 40, 50

(सी) 60, 70

(डी) 75, 85

उत्तर: डी

51. सेलेनियम रेक्टिफायर की उम्र बढ़ने से आउटपुट वोल्टेज बदल सकता है

(ए) 5 से 10 प्रतिशत

(बी) 15 से 20 प्रतिशत

(सी) 25 से 30 प्रतिशत

(डी) उपरोक्त में से कोई नहीं

उत्तर: ए

52. सेलेनियम रेक्टिफायर्स के अनुप्रयोग आमतौर पर की क्षमता तक सीमित होते हैं

(ए) 10 वी

(बी) 30 वी

(सी) 60 वी

(डी) 100 वी

(ई) 200 वी

उत्तर: डी

53. निम्नलिखित में से कौन सा रेक्टिफायर्स आपूर्ति में व्यापक रूप से उपयोग किया गया है

इलेक्ट्रोप्लेटिंग के लिए दिष्ट धारा?

(ए) कॉपर ऑक्साइड रेक्टिफायर

(बी) सेलेनियम रेक्टीफायर्स

(सी) बुध चाप सुधारक

(डी) यांत्रिक सुधारक

(ई) उपरोक्त में से कोई नहीं

उत्तर: बी

54. एक कम्यूटिंग रेक्टिफायर में कम्यूटेटर द्वारा संचालित होता है

(ए) एक प्रेरण मोटर

(बी) एक तुल्यकालिक मोटर

(सी) एक डीसी श्रृंखला मोटर

(डी) एक डीसी शंट मोटर

उत्तर: बी

55. निम्न में से कौन सा रेक्टिफायर मुख्य रूप से कम वोल्टेज चार्ज करने के लिए उपयोग किया जाता है

एसी से बैटरी। आपूर्ति ?

(ए) मैकेनिकल रेक्टिफायर

(बी) कॉपर ऑक्साइड रेक्टीफायर

(सी) सेलेनियम रेक्टीफायर्स

(डी) इलेक्ट्रोलाइटिक रेक्टीफायर

(ई) बुध चाप सुधारक

उत्तर: डी

56. इलेक्ट्रोलाइटिक दिष्टकारी की दक्षता लगभग होती है

(ए) 80%

(बी) 70%

(सी) 60%

(डी) 40%

उत्तर: सी

57. पारा चाप दिष्टकारी कक्ष में निम्न में से कौन-सा नुकसान है?

(ए) चाप में वोल्टेज ड्रॉप

(6) एनोड पर वोल्टेज ड्रॉप

(सी) कैथोड पर वोल्टेज ड्रॉप

(D। उपरोक्त सभी

उत्तर: डी

58. मरकरी आर्क रेक्टिफायर की तुलना में मेटल रेक्टिफायर्स

(ए) कम तापमान पर काम करते हैं

(बी) उच्च वोल्टेज पर काम कर सकते हैं

(सी) भारी भार पर काम कर सकते हैं

(डी) खराब नियमन देना

(ई) उपरोक्त में से कोई नहीं

उत्तर: ए

59. एक मरकरी आर्क रेक्टिफायर में, एनोड आमतौर पर बना होता है

(ए) तांबा

(बी) एल्यूमीनियम

(सी) चांदी

(डी) ग्रेफाइट

(ई) टंगस्टन

उत्तर: डी

1. निम्नलिखित में से कौन ट्रांसफार्मर में नहीं बदलता है?

(एक लहर

(बी) वोल्टेज

(सी) आवृत्ति

(D। उपरोक्त सभी

2. एक ट्रांसफार्मर में ऊर्जा प्राथमिक से माध्यमिक तक पहुंचाई जाती है

(ए) कूलिंग कॉइल के माध्यम से

(बी) हवा के माध्यम से

(सी) प्रवाहद्वारा

(डी) उपरोक्त में से कोई नहीं

3. एक ट्रांसफॉर्मर कोर को लेमिनेट किया जाता है

(ए) हिस्टैरिसीस नुकसान को कम करें

(बी) एडीकेमौजूदानुकसानकोकमकरें

(सी) तांबे के नुकसान को कम करें

(डी) उपरोक्त सभी नुकसान को कम करें

4. एक ट्रांसफॉर्मर के लेमिनेशन द्वारा उत्पन्न यांत्रिक कंपन की डिग्री निर्भर करती है

(ए) क्लैंपिंग की जकड़न

(बी) टुकड़े टुकड़े का गेज

(सी) टुकड़े टुकड़े का आकार

(डी) उपरोक्तसभी

5. ट्रांसफार्मर द्वारा खींचा गया नो-लोड करंट आमतौर पर फुल लोड करंट का कितना प्रतिशत होता है?

(ए) 0.2 से 0.5 प्रतिशत

(बी) 2 से 5 प्रतिशत

(सी) 12 से 15 प्रतिशत

(डी) 20 से 30 प्रतिशत

6. एक ट्रांसफार्मर में चुंबकीय प्रवाह का पथ होना चाहिए

(ए) उच्च प्रतिरोध

(बी) उच्च अनिच्छा

(सी) कम प्रतिरोध

(डी) कमअनिच्छा

7. निर्धारित करने के लिए ट्रांसफार्मर पर नो-लोड किया जाता है

(ए) तांबे की हानि

(बी) चुंबकीय वर्तमान

(सी) वर्तमानऔरहानिकोचुंबकितकरना

(डी) ट्रांसफार्मर की दक्षता

8. ट्रांसफार्मर तेल की ढांकता हुआ ताकत होने की उम्मीद है
(ए) एलकेवी
(बी) 33 केवी
(सी) 100 केवी
(डी) 330 केवी
9. यह निर्धारित करने के लिए ट्रांस-फॉर्मर्स पर सम्पनर का परीक्षण किया जाता है
(ए) तापमान
(बी) आवारा नुकसान
(सी) पूरे दिन दक्षता
(डी) उपरोक्त में से कोई नहीं
10. कोल्ड रोल्ड अनाज उन्मुख स्टील के मामले में अनुमेय प्रवाह घनत्व लगभग है
(ए) 1.7 डब्ल्यूबी / एम 2
(बी) 2.7 डब्ल्यूबी / एम 2
(सी) 3.7 डब्ल्यूबी / एम 2
(डी) 4.7 डब्ल्यूबी / एम 2
11. एक ट्रांसफार्मर की दक्षता अधिकतम होगी जब
(ए) तांबे के नुकसान = हिस्टैरिसीस नुकसान
(बी) हिस्टैरिसीस नुकसान = एड़ी वर्तमान नुकसान
(सी) एड़ी वर्तमान नुकसान = तांबे के नुकसान
(डी) तांबेकीहानि = लोहेकीहानि
12. ट्रांसफार्मर में नो-लोड करंट
(ए) वोल्टेजकेपीछेलगभग 75 डिग्री . पीछेहै
(बी) वोल्टेज को लगभग 75 डिग्री सेल्सियस तक ले जाता है
(सी) वोल्टेज के पीछे लगभग 15 डिग्री . पीछे है
(डी) वोल्टेज को लगभग 15 डिग्री सेल्सियस तक ले जाता है
13. एक ट्रांसफॉर्मर में आयरन कोर प्रदान करने का उद्देश्य है
(ए) वाइंडिंग को समर्थन प्रदान करें
(बी) हिस्टैरिसीस नुकसान को कम करें
(सी) चुंबकीयपथकीअनिच्छाकोकमकरें
(डी) एड़ी के मौजूदा नुकसान को कम करें
14. निम्नलिखित में से कौन ट्रांसफॉर्मर इंस्टॉलेशन का हिस्सा नहीं है?
(ए) संरक्षक
(बी) सांस
(सी) बुकहोल्ज़ रिले

(डी) एक्साइटर

15. एक ट्रांसफॉर्मर पर शॉर्ट-सर्किट परीक्षण करते समय निम्नलिखित पक्ष शॉर्ट सर्किट होता है

(ए) उच्च वोल्टेज पक्ष

(बी) कमवोल्टेजपक्ष

(सी) प्राथमिक पक्ष

(डी) माध्यमिक पक्ष

16. ट्रांसफॉर्मर में निम्नलिखित वाइंडिंग को अधिक क्रॉस-सेक्शनल क्षेत्र मिला है

(ए) कमवोल्टेजघुमावदार

(बी) उच्च वोल्टेज घुमावदार

(सी) प्राथमिक घुमावदार

(डी) माध्यमिक घुमावदार

17. एक ट्रांसफॉर्मर बदलता है

(ए) वोल्टेज

(बी) वर्तमान

(सी) शक्ति

(डी) आवृत्ति

18. एक ट्रांसफॉर्मर डीसी आपूर्ति के वोल्टेज को बढ़ा या कम नहीं कर सकता क्योंकि

(ए) डीसी वोल्टेज को बदलने की कोई जरूरत नहीं है

(बी) एक डीसी सर्किट में अधिक नुकसान होता है

(सी)
विद्युतचुम्बकीयप्रेरणकेफैराडेकेनियममान्यनहींहैंक्योंकिप्रवाहकेपरिवर्तनकीदरशून्यहै

(डी) उपरोक्त में से कोई नहीं

19. ट्रांसफार्मर की प्राथमिक वाइंडिंग

(ए) हमेशा एक कम वोल्टेज घुमावदार है

(बी) हमेशा एक उच्च वोल्टेज घुमावदार है

(सी) यातोकमवोल्टेजयाउच्चवोल्टेजघुमावदारहोसकताहै

(डी) उपरोक्त में से कोई नहीं

20. ट्रांसफॉर्मर में किस वाइंडिंग में फेरों की संख्या अधिक होती है ?

(ए) कम वोल्टेज घुमावदार

(बी) उच्चवोल्टेजघुमावदार

(सी) प्राथमिक घुमावदार

(डी) माध्यमिक घुमावदार

21. एक बिजली ट्रांसफार्मर की दक्षता के क्रम की है

(ए) 100 प्रतिशत

(बी) 98 प्रतिशत

(सी) 50 प्रतिशत

(डी) 25 प्रतिशत

22. दिए गए ट्रांसफॉर्मर में दिए गए लागू वोल्टेज के लिए, नुकसान जो लोड परिवर्तन के बावजूद स्थिर रहते हैं:

(ए) घर्षण और विंडेज नुकसान

(बी) तांबे के नुकसान

(सी) हिस्टैरिसीसऔरएड़ीवर्तमाननुकसान

(डी) उपरोक्त में से कोई नहीं

23. बिजली ट्रांसफार्मर को ठंडा करने की एक सामान्य विधि है

(ए) प्राकृतिक वायु शीतलन

(बी) एयर ब्लास्ट कूलिंग

(सी) तेलठंडा

(डी) उपरोक्त में से कोई भी

24. एक ट्रांसफॉर्मर में नो लोड करंट लागू वोल्टेज से लगभग के कोण से पिछड़ जाता है

(ए) 180 डिग्री

(बी) 120″

(सी) 90 डिग्री

(डी) 75 डिग्री

25. एक ट्रांसफार्मर में नियमित दक्षता निर्भर करती है

(ए) आपूर्ति आवृत्ति

(बी) लोड वर्तमान

(सी) लोड का पावर फैक्टर

(डी) दोनों (बी) और (सी)

26. ट्रांसफार्मर में एक संरक्षक का कार्य होता है

(ए) ट्रांसफार्मर को ठंडा करने के लिए ताजी हवा प्रदान करें

(बी) जरूरत के समय ट्रांसफार्मर को कूलिंग ऑयल की आपूर्ति करना

(सी) गर्महोनेकेकारणतेलखर्चहोनेपरट्रांसफार्मरकोनुकसानसेबचाताहै

(डी) उपरोक्त में से कोई नहीं

27. की रेटिंग तक के ट्रांसफार्मर के लिए प्राकृतिक तेल शीतलन का उपयोग किया जाता है

(ए) 3000 केवीए

(बी) 1000 केवीए

(सी) 500 केवीए
(डी) 250 केवीए
28. पावर ट्रांसफार्मर को अधिकतम दक्षता के लिए डिज़ाइन किया गया है
(ए) लगभगपूर्णभार
(बी) 70% पूर्ण भार
(सी) 50% पूर्ण भार
(डी) कोई भार नहीं
29. वितरण ट्रांसफार्मर की अधिकतम दक्षता है
(ए) बिना किसी भार के
(बी) 50% पूर्णभारपर
(सी) 80% पूर्ण भार पर
(डी) पूर्ण भार पर
30. ट्रांसफॉर्मर सांस लेता है जब
(ए) उस पर भार बढ़ता है
(बी) उसपरभारकमहोजाताहै
(सी) लोड स्थिर रहता है
(डी) उपरोक्त में से कोई नहीं
31. एक ट्रांसफॉर्मर का नो-लोड करंट होता है
(ए) उच्च परिमाण और कम शक्ति कारक है
(बी) उच्च परिमाण और उच्च शक्ति कारक है
(सी) छोटे परिमाण और उच्च शक्ति कारक है
(डी) छोटेपरिमाणऔरकमशक्तिकारकहै
32. आसन्न कुंडलियों के बीच स्पेसर दिए गए हैं
(ए) शीतलनतेलकोमुक्तमार्गप्रदानकरनेकेलिए
(बी) एक दूसरे से कॉइल्स को इन्सुलेट करने के लिए
(सी) दोनों (ए) और (बी)
(डी) उपरोक्त में से कोई नहीं
33. माध्यमिक रिसाव प्रवाह अधिक से अधिक
(ए) माध्यमिकप्रेरितईएमएफकमहोगा
(बी) प्राथमिक प्रेरित ईएमएफ कम होगा
(सी) प्राथमिक टर्मिनल वोल्टेज कम होगा
(डी) उपरोक्त में से कोई नहीं
34. स्टेप-अप ट्रांसफार्मर में आयरन कोर प्रदान करने का उद्देश्य है
(ए) प्राथमिक और माध्यमिक के बीच युग्मन प्रदान करने के लिए

(बी) आपसी प्रवाह के परिमाण को बढ़ाने के लिए

(सी) मैग-नेटाइजिंगकरंटकेपरिमाणकोकमकरनेकेलिए

(डी) उपरोक्त सभी सुविधाएं प्रदान करने के लिए

35. बिजली ट्रांसफार्मर एक स्थिर है

(ए) वोल्टेज डिवाइस

(बी) वर्तमान डिवाइस

(सी) पावर डिवाइस

(डी) मुख्यप्रवाहडिवाइस

36. समानांतर में काम कर रहे दो ट्रांसफार्मर उनके के आधार पर भार साझा करेंगे

(ए) रिसाव प्रतिक्रिया

(बी) प्रतियूनिटप्रतिबाधा

(सी) दक्षता

(डी) रेटिंग

37. यदि R2 ट्रांसफार्मर की द्वितीयक वाइंडिंग का प्रतिरोध है और K परिवर्तन अनुपात है तो प्राथमिक को संदर्भित समकक्ष द्वितीयक प्रतिरोध होगा

(ए) आर 2 / वीके

(बी) आर2आईके2

(सी) आर 22! के 2

(डी) आर 22 / के

38. क्या होगा यदि समानांतर में काम कर रहे ट्रांसफॉर्मर ध्रुवीयता के संबंध में जुड़े नहीं हैं?

(ए) दो ट्रांसफॉर्मर्स का पावर फैक्टर सामान्य लोड के पावर फैक्टर से अलग होगा

(बी) गलतध्रुवताकेपरिणामस्वरूपमृतशॉर्टसर्किटहोगा

(सी) ट्रांसफार्मर अपनी केवीए रेटिंग के अनुपात में लोड साझा नहीं करेंगे

(डी) उपरोक्त में से कोई नहीं

39. यदि समानांतर में काम कर रहे दो ट्रांसफार्मर के प्रतिशत प्रतिबाधा अलग हैं, तो

(ए) ट्रांसफार्मर अधिक गरम हो जाएंगे

(बी) दोनों ट्रांसफार्मर के शक्ति कारक समान होंगे

(सी) समानांतर संचालन संभव नहीं होगा

(डी) समानांतरसंचालनअभीभीसंभवहोगा, लेकिनदोट्रांसफॉर्मरजिसपावरफैक्टरपरकामकरतेहैं, वहसामान्यलोडकेपावरफैक्टरसेअलगहोगा

40. एक ट्रांसफार्मर में आम तौर पर टैपिंग प्रदान की जाती है

(ए) प्राथमिक पक्ष

(बी) माध्यमिक पक्ष

(सी) क्मवोल्टेजपक्ष

(डी) उच्च वोल्टेज पक्ष

41. ट्रांसफॉर्मर डिजाइन में उच्च फ्लक्स घनत्व का उपयोग

(ए) प्रतिकेवीएवजनकमकरताहै

(6) लोहे के नुकसान को कम करता है

(सी) तांबे के नुकसान को कम करता है

(डी) भाग भार दक्षता बढ़ाता है

42. ट्रांसफॉर्मर के लिए ब्रीद में प्रयुक्त होने वाले रसायन का गुण होना चाहिए

(ए) आयनकारी हवा

(बी) नमीकोअवशोषित

(सी) ट्रांसफार्मर तेल की सफाई

(डी) ट्रांसफार्मर तेल को ठंडा करना।

43. सांस लेने में प्रयुक्त होने वाला रसायन है

(ए) एस्बेस्टस फाइबर

(बी) सिलिका रेत

(सी) सोडियम क्लोराइड

(डी) सिलिकाजेल

45. ट्रांसफार्मर रेटिंग आमतौर पर के संदर्भ में व्यक्त की जाती है

(ए) वोल्ट

(बी) एम्पीयर

(सी) किलोवाट

(डी) केवीए

46. चुंबकीय बलों द्वारा सेट किए गए टुकड़े टुकड़े के कंपन से उत्पन्न शोर को कहा जाता है

(ए) मैग्नेटोस्ट्रिक्शन

(बी) बू

(सी) हम

(डी) ज़ूम

47. एक ट्रांसफॉर्मर में हिस्टैरिसीस हानि सीबीमैक्स = अधिकतम फ्लक्स घनत्व के रूप में भिन्न होती है)

(ए) बीमैक्स

(बी) बीमैक्स1-6

(सी) बीमैक्स1-83

(डी) बी मैक्स

48. ट्रांसफार्मर कोर के निर्माण के लिए प्रयुक्त सामग्री आमतौर पर होती है

(एक लकड़ी

(बी) तांबा

(सी) एल्यूमीनियम

(डी) सिलिकॉनस्टील

49. एक ट्रांसफॉर्मर में प्रयुक्त लेमिनेशन की मोटाई आमतौर पर होती है

(ए) 0.4 मिमीसे 0.5 मिमी

(बी) 4 मिमी से 5 मिमी

(सी) 14 मिमी से 15 मिमी

(डी) 25 मिमी से 40 मिमी

50. एक ट्रांसफार्मर में संरक्षक का कार्य है

(ए) 'आंतरिक दोष' के खिलाफ प्रोजेक्ट करने के लिए

(बी) तांबे के साथ-साथ मुख्य नुकसान को कम करने के लिए

(सी) ट्रांसफार्मर तेल को ठंडा करने के लिए

(डी)

सर-राउंडिंगकेतापमानमेंबदलावकेकारणट्रांसफार्मरतेलकेविस्तारऔरसंकुचनकाख्यालरखना

51. भारत में विद्युत शक्ति के संचारण के लिए उच्चतम वोल्टेज है

(ए) 33 केवी।

(6) 66 केवी

(सी) 132 केवी

(डी) 400 केवी

52. एक ट्रांसफार्मर में प्राथमिक और द्वितीयक के बीच प्रतिरोध है

(ए) शून्य

(बी) 1 ओम

(सी) 1000 ओम

(डी) अनंत

53. एक ट्रांसफार्मर का तेल मुक्त होना चाहिए

(ए) कीचड़

(बी) गंध

(सी) गैसों

(डी) नमी

54. एक Buchholz रिले स्थापित किया जा सकता है

(ए) ऑटो-ट्रांसफॉर्मर

(बी) एयर कूल्ड ट्रांसफार्मर

(सी) वेल्डिंग ट्रांसफार्मर

(डी) <u>तेलठंडाट्रांसफार्मर</u>

55. आमतौर पर ट्रांसफॉर्मर तेल के पृथक्करण के कारण गैस मुक्त नहीं होती है जब तक कि तेल का तापमान अधिक न हो

(ए) 50 डिग्री सेल्सियस

(बी) 80 डिग्री सेल्सियस

(सी) 100 डिग्री सेल्सियस

(डी) <u>150 डिग्रीसेल्सियस</u>

56. एक ट्रांसफार्मर में हार्मोनिक्स उत्पन्न करने का मुख्य कारण हो सकता है

(ए) उतार-चढ़ाव लोड

(बी) खराब इन्सुलेशन

(सी) यांत्रिक कंपन

(डी) <u>कोरकीसंतृप्ति</u>

57. वितरण ट्रांसफार्मर आमतौर पर अधिकतम दक्षता के लिए डिज़ाइन किए जाते हैं

(ए) 90% लोड

(बी) शून्य भार

(सी) 25% भार

(डी) <u>50% भार</u>

58. ट्रांसफार्मर कोर के लिए सामग्री में निम्नलिखित में से कौन सा गुण आवश्यक रूप से वांछनीय नहीं है?

(ए) यांत्रिक शक्ति

(6) कम हिस्टैरिसीस हानि

(सी) <u>उच्चतापीयचालकता</u>

(डी) उच्च पारगम्यता

59. स्टार/स्टार ट्रांसफार्मर संतोषजनक ढंग से काम करते हैं जब

(ए) भार केवल असंतुलित है

(बी) <u>भारकेवलसंतुलितहै</u>

(सी) संतुलित और असंतुलित भार पर

(डी) उपरोक्त में से कोई नहीं

60. डेल्टा/स्टार ट्रांसफॉर्मर संतोषजनक ढंग से काम करता है जब

(ए) भार केवल संतुलित है

(बी) भार केवल असंतुलित है

(सी) <u>संतुलितऔरअसंतुलितभारपर</u>

(डी) उपरोक्त में से कोई नहीं

61. बुखोल्ज़ का रिले के विरुद्ध चेतावनी और सुरक्षा देता है

(ए) ट्रांसफार्मरकेअंदरहीविद्युतदोष

(बी) आउटगोइंग फीडर में ट्रांसफार्मर के बाहर विद्युत दोष

(सी) बाहर और अंदर दोनों दोषों के लिए

(डी) उपरोक्त में से कोई नहीं

62. एक ट्रांसफॉर्मर का चुंबकीय प्रवाह आमतौर पर छोटा होता है क्योंकि इसमें है

(ए) छोटेहवाकाअंतर

(बी) बड़े रिसाव प्रवाह

(सी) टुकड़े टुकड़े में सिलिकॉन स्टील कोर

(डी) कम घूर्णन भागों

63. निम्नलिखित में से कौन एक साधारण ट्रांसफार्मर में नहीं बदलता है?

(ए) आवृत्ति

(बी) वोल्टेज

(सी) वर्तमान

(डी) उपरोक्त में से कोई भी

64. ट्रांसफार्मर कोर के लिए सामग्री के लिए निम्नलिखित में से कौन सा गुण आवश्यक रूप से वांछनीय नहीं है?

(ए) कम हिस्टैरिसीस नुकसान

(बी) उच्च पारगम्यता

(सी) उच्चतापीयचालकता

(डी) पर्याप्त यांत्रिक शक्ति

65. एक ट्रांसफॉर्मर में लीकेज फ्लक्स निर्भर करता है

(ए) लोडवर्तमान

(बी) वर्तमान और वोल्टेज लोड करें

(सी) वर्तमान, वोल्टेज और आवृत्ति लोड करें

(डी) लोड करंट, वोल्टेज, फ्रीक्वेंसी और पावर फैक्टर

66. ट्रांसफार्मर में चुंबकीय प्रवाह का पथ होना चाहिए

(ए) उच्च अनिच्छा

(बी) कमप्रतिक्रिया

(सी) उच्च प्रतिरोध

(डी) कम प्रतिरोध

67. एक ट्रांसफॉर्मर में ध्वनि स्तर का परीक्षण होता है

(ए) विशेष परीक्षण

(बी) नियमित परीक्षण

(सी) टाइपटेस्ट

(डी) उपरोक्त में से कोई नहीं

68. निम्नलिखित में से कौन ट्रांसफार्मर पर नियमित परीक्षण नहीं है?

(ए) कोर इन्सुलेशन वोल्टेज परीक्षण

(बी) प्रतिबाधा परीक्षण

(सी) रेडियोहस्तक्षेपपरीक्षण

(डी) ध्रुवीयता परीक्षण

69. एक ट्रांसफार्मर में शून्य वोल्टेज विनियमन हो सकता है

(ए) प्रमुखशक्तिकारक

(बी) लैगिंग पावर फैक्टर

(सी) एकता शक्ति कारक

(डी) शून्य शक्ति कारक

70. पेचदार कॉइल का इस्तेमाल किया जा सकता है

(ए) उच्चकेवीएट्रांसफार्मरकाकमवोल्टेजपक्ष

(बी) उच्च आवृत्ति ट्रांसफार्मर

(सी) छोटे क्षमता ट्रांसफार्मर के उच्च वोल्टेज पक्ष

(डी) उच्च केवीए रेटिंग ट्रांसफार्मर के उच्च वोल्टेज पक्ष

1. प्रोसेसर, मेन मेमोरी (रैम), हार्ड डिस्क, सीडी/डीवीडी ड्राइव, सीएमओएस, बीआईओएस चिप आदि ______ के अंदर रखे जाते हैं।

(ए) इनपुट यूनिट

(बी) सेंट्रलप्रोसेसिंगयूनिट (सीपीयू)

(सी) आउटपुट यूनिट

(डी) उन सभी

2. ______ में प्रोसेसर, मेन मेमोरी (रैम), हार्ड डिस्क, सीडी/डीवीडी ड्राइव, सीएमओएस, बीआईओएस चिप आदि को ठीक/कनेक्ट करने के लिए स्लॉट होते हैं।

(ए) मदरबोर्ड

(बी) ब्रेड बोर्ड

(सी) कुंजी बोर्ड

(डी) डैश बोर्ड

3. सीआरटी मॉनिटर के माध्यम से इनपुट प्रदान करने के लिए प्रयुक्त स्टाइलस को ________ कहा जाता है।

(ए) स्कैनर

(बी) डिजिटल टैबलेट

(सी) <u>लाइटपेन</u>

(डी) प्रिंटर

4. वीडीयू को _______ के रूप में विस्तारित किया जाता है।

(ए) <u>विजुअलडिस्प्लेयूनिट</u>

(बी) वर्चुअल डिस्प्ले यूनिट (सी) विजुअल डिसेप्शन यूनिट

(डी) दृश्य प्रदर्शन विश्वविद्यालय

5. कंप्यूटर मॉनीटर में, CRT का अर्थ ______ है।

(ए) कैडमियम रे ट्यूब

(बी) <u>कैथोडरेट्यूब</u>

(सी) कैथोड रे ट्विस्ट

(डी) कैथोड रिम

6. कैथोड रे ट्यूब (CRT) मॉनिटर में मॉनिटर के बीच बिजली की खपत का _________ स्तर होता है।

(ए) <u>उच्चतम</u>

(बी) सबसे कम

(सी) शून्य

(डी) कम से कम

7. LCD को ______ के रूप में विस्तारित किया जाता है।

(ए) रैखिक क्रिस्टल डिस्प्ले

(बी) लिक्विड क्रिस्टल डायलॉग

(सी) <u>लिक्विडक्रिस्टलडिस्प्ले</u>

(डी) तरल कनस्तर प्रदर्शन

8. LED को ________ के रूप में विस्तारित किया जाता है।

(ए) रैखिक उत्सर्जक डायोड

(बी) <u>प्रकाशउत्सर्जकडायोड</u>

(सी) तरल उत्सर्जक डायोड

(डी) प्रकाश उत्सर्जक प्रदर्शन

9. LCD मॉनिटर का डिस्प्ले LED मॉनिटर की तुलना में ________ होता है।

(एक लाइटर

(बी) भारी

(सी) उज्जवल

(डी) <u>सुस्त</u>

10. मॉनिटर स्क्रीन की ऊंचाई से चौड़ाई के अनुपात को _______ कहा जाता है।

(ए) <u>पहलूअनुपात</u>

(बी) लंबाई अनुपात

(सी) चौड़ाई अनुपात

(डी) विकर्ण अनुपात

11. आम तौर पर, सीआरटी मॉनिटरों का पहलू अनुपात __________ होता है।

(ए) 16:9

(बी) 4:3

(सी) 16:10

(डी) 1:1

12. प्रिंटर का वह प्रकार जो प्रिंट बनाने के लिए कागज से टकराता है, _____ कहलाता है।

(एक मॉनिटर

(बी) स्कैनर

(सी) गैर-प्रभाव प्रकार प्रिंटर

(डी) प्रभावप्रकारप्रिंटर

13. प्रिंटर का वह प्रकार जो प्रिंट बनाने के लिए कागज से नहीं टकराता ______ कहलाता है।

(एक मॉनिटर

(बी) स्कैनर

(सी) गैर-प्रभावप्रकारप्रिंटर

(डी) प्रभाव प्रकार प्रिंटर

14. डॉट मैट्रिक्स प्रिंटर ________ श्रेणी के अंतर्गत आता है।

(एक मॉनिटर

(बी) स्कैनर

(सी) गैर-प्रभाव प्रकार प्रिंटर

(डी) प्रभावप्रकारप्रिंटर

15. लेजर प्रिंटर, इंकजेट प्रिंटर, थर्मल प्रिंटर और प्लॉटर _____ श्रेणी से संबंधित हैं।

(एक मॉनिटर

(बी) स्कैनर

(सी) गैर-प्रभावप्रकारप्रिंटर

(डी) प्रभाव प्रकार प्रिंटर

16. थर्मल प्रिंटर _______ कोटेड पेपर का उपयोग करता है, जो गर्म करने पर काला हो जाता है।

(ए) क्रोमियम

(बी) बिसफिनोल

(सी) निकल

(डी) टोनर पाउडर

17. वह इकाई जो कंप्यूटर की अपनी इकाइयों के लिए आवश्यक विभिन्न वोल्टेज में बिजली की आपूर्ति को विभाजित करती है, ______ कहलाती है।

(ए) ट्रांसफार्मर

(बी) स्विचमोडबिजलीकीआपूर्ति (एसएमपीएस)

(सी) ट्रांजिस्टर

(डी) ट्रांसड्यूसर

18. कंप्यूटर में SMPS का फुल फॉर्म ______ है।

(ए) सिंक मोड बिजली की आपूर्ति

(बी) स्विचमोडबिजलीकीआपूर्ति

(सी) स्टेक मोड बिजली की आपूर्ति

(डी) स्विच मोड पावर सॉकेट

19. एक डेस्कटॉप कंप्यूटर में, ______ रेडियो फ्रीक्वेंसी इंटरफेरेंस उत्पन्न करता है।

(ए) एसएमपीएस

(बी) माइक्रो-प्रोसेसर

(रत्ता मार

(डी) माउस

20. बाह्य उपकरणों को जोड़ने के लिए सीपीयू के फ्रंट पैनल या रियर पैनल में दिए गए उद्घाटन को ______ कहा जाता है।

(ए) सॉकेट

(बी) पिन

(सी) बंदरगाह

(डी) भाग

21. बाहरी डायलअप मॉडेम को ______ पोर्ट का उपयोग करके कंप्यूटर से जोड़ा जा सकता है।

(ए) आरएस 232 / धारावाहिक

(बी) पीएस / 2

(सी) वीजीए

(डी) एलपीटी

22. पुराने स्टाइल (SIMPLEX) प्रिंटर (जैसे डॉट मैट्रिक्स प्रिंटर) को ______ पोर्ट का उपयोग करके कंप्यूटर से जोड़ा जा सकता है।

(ए) आरएस 232 / धारावाहिक

(बी) पीएस / 2

(सी) वीजीए

(डी) एलपीटी

23. आधुनिक (DUPLEX) प्रिंटर (जैसे LASER जेट, इंकजेट प्रिंटर) को ______ पोर्ट का उपयोग करके कंप्यूटर से जोड़ा जा सकता है।

(ए) आरएस232 /

(बी) यूएसबी

(सी) पीएस / 2

(डी) वीजीए

24. ब्रॉडबैंड कनेक्शन को _____ पोर्ट के माध्यम से जोड़ा जा सकता है।

(ए) आरजे 45 / ईथरनेट

(बी) यूएसबी

(सी) पीएस / 2

(डी) वीजीए

25. प्रिंटर, फैक्स मशीन, स्कैनर, वेब कैमरा, बाहरी डीवीडी राइटर, बाहरी हार्ड डिस्क आदि को ______ पोर्ट का उपयोग करके कंप्यूटर से जोड़ा जा सकता है।

(ए) आरजे 45

(बी) यूएसबी

(सी) पीएस / 2

(डी) वीजीए

26. जॉयस्टिक को ______ पोर्ट का उपयोग करके कंप्यूटर से जोड़ा जा सकता है।

(ए) 3.5 मिमी जैक

(बी) आरजे11

(सी) आरजे 45

(डी) खेल

27. PS/2 का अर्थ ______ है।

(ए) पंजीकृत जैक 11

(बी) पंजीकृत जैक 45

(सी) व्यक्तिगतप्रणाली 2

(डी) अनुशंसित मानक 232

28. RJ11 _____ के लिए खड़ा है।

(ए) पंजीकृतजैक 11

(बी) पंजीकृत जैक 45

(सी) व्यक्तिगत प्रणाली 2

(डी) अनुशंसित मानक 232

29. RJ45 _____ के लिए खड़ा है।
(ए) पंजीकृत जैक 11
(बी) पंजीकृतजैक 45
(सी) व्यक्तिगत प्रणाली 2
(डी) अनुशंसित मानक
30. RS232 _____ के लिए खड़ा है।
(ए) पंजीकृत जैक 11
(बी) पंजीकृत जैक 45
(सी) व्यक्तिगत प्रणाली 2
(डी) अनुशंसितमानक 232
31. RJ45 पोर्ट को अन्यथा _______ कहा जाता है।
(ए) ईथरनेट
(बी) एलपीटी
(सी) यूएसबी
(डी) वीजीए
32. IEEE 1392 पोर्ट को अन्यथा _______ कहा जाता है
(ए) ईथरनेट
(बी) एलपीटी
(सी) यूएसबी
(डी) फायरवायर
33. एलपीटी का अर्थ _____ है।
(ए) पंजीकृत जैक 11
(बी) पंजीकृत जैक 45
(सी) लाइनप्रिंटरटर्मिनल
(डी) अनुशंसित मानक 232
34. यूएसबी का अर्थ _______ है।
(ए) पंजीकृत जैक 11
(बी) पंजीकृत जैक 45
(सी) लाइन प्रिंटर टर्मिनल
(डी) यूनिवर्सलसीरियलबस
35. पीसी के पोर्ट से हाई डेफिनिशन ग्राफिक्स आउटपुट लिया जा सकता है।
(ए) 3.5 मिमी जैक
(बी) एचडीएमआई
(सी) आरजे 45

(डी) एलपीटी

36. एचडीएमआई का अर्थ है

(ए) पंजीकृत जैक

(बी) हाईडेफिनिशनमल्टीमीडियाइंटरफेस

(सी) लाइन प्रिंटर टर्मिनल

(डी) यूनिवर्सल सीरियल बस

37. मुख्य रूप से हार्डकॉपी प्रदान करने के लिए उपयोग किया जाने वाला उपकरण है

ए) सीआरटी

बी) कंप्यूटर कंसोल

सी) प्रिंटर

घ) कार्ड रीडर

38. डॉट-मैट्रिक्स, डेस्कजेट, इंकजेट और लेजर सभी प्रकार के कंप्यूटर पेरिफेरल्स हैं?

ए) प्रिंटर

बी) सॉफ्टवेयर

ग) मॉनिटर्स

डी) कीबोर्ड

39. लेजर प्रिंटर का संबंध है

ए) लाइन प्रिंटर

बी) पेजप्रिंटर

सी) बैंड प्रिंटर

d) डॉट मैट्रिक्स प्रिंटर

40. जॉयस्टिक का प्रयोग मुख्यतः किसके लिए किया जाता है?

ए) स्क्रीन पर ध्वनि को नियंत्रित करें

बी) कंप्यूटरगेमिंग

सी) टेक्स्ट दर्ज करें

डी) चित्र बनाएं

41. यूएसबी संदर्भित करता है

ए) एक भंडारण

बी) एक प्रोसेसर

सी) एकबंदरगाहप्रकार

डी) एक सीरियल बस मानक

42. ___ को स्क्रीन या मॉनिटर भी कहा जा सकता है।

एक प्रिंटर

बी) स्कैनर

सी) हार्ड डिस्क

डी) <u>प्रदर्शन</u>

43. प्रिंटर की गति की गति से सीमित होती है

ए) कागज आंदोलन

बी) <u>कारतूसकाइस्तेमालकिया</u>

ग) कागज की लंबाई

घ) ये सभी

44. ओसीआर प्रकाश स्रोत की सहायता से पात्रों के ______ को पहचानता है।

ए) आकार

बी) <u>आकार</u>

सी) रंग

घ) प्रयुक्त स्याही

45. लेजर प्रिंटर से संबंधित है

ए) लाइन प्रिंटर

बी) <u>पेजप्रिंटर</u>

सी) बैंड प्रिंटर

d) डॉट मैट्रिक्स प्रिंटर

46. वीडियो गेम, फ्लाइट सिमुलेटर, प्रशिक्षण सिमुलेटर और औद्योगिक रोबोट को नियंत्रित करने के लिए उपयोग किया जाने वाला उपकरण।

एक माउस

बी) लाइट पेन

ग) <u>जॉयस्टिक</u>

डी) कीबोर्ड

47. स्वचालित टेलर मशीन या एटीएम जैसे अनासक्त इंटरैक्टिव सूचना प्रणाली को ______ कहा जाता है

ए) <u>कियोस्क</u>

बी) सिओक्स

c) सियांटो

d) किआक्सो

48. ______ पावर सर्ज को रोकने में मदद करता है।

ए) <u>सर्जसप्रेसर</u>

बी) स्पाइक रक्षक

ग) यूपीएस प्रणाली

डी) उच्च ग्रेड बहु-मीटर

49. यदि मेमोरी स्लॉट में 30 पिन हैं तो चिप है?

ए) डीआईएमएम

बी) SIMM

सी) एसडीआरएएम

घ) ये सभी

50. लेजर जेट प्रिंटर की गति को पेज प्रति मिनट (पीपीएम) में मापा जाता है, डॉट-मैट्रिक्स प्रिंटर को मापने के लिए हम किसका उपयोग करते हैं?

ए) लाइन प्रति इंच

बी) प्रति शीट लाइनें

सी) वर्ण प्रति इंच

d) वर्णप्रतिसेकंड

51. Macintosh को सफलतापूर्वक प्रिंट करने के लिए, सिस्टम फ़ोल्डर में निम्न शामिल होना चाहिए:

a) फाइल शेयरिंग सॉफ्टवेयर

बी) एक प्रिंटर एनबलर

ग) सेब गारमोंड फ़ॉन्ट सेट

d) एकप्रिंटरड्राइवर

52. लेजरप्रिंटर पर निवारक रखरखाव के दौरान किस घटक को वैक्यूम किया जाना चाहिए या प्रतिस्थापित किया जाना चाहिए?

ए) स्कैनिंग मिरर

बी) टोनर कार्ट्रिज

सी) ओजोनफिल्टर

घ) ये सभी

53. कौन सा उपकरण डीएमए चैनल का उपयोग करता है?

ए) मोडेम

बी) नेटवर्क कार्ड

ग) साउंडकार्ड

घ) ये सभी

54.एक मॉडेम को किस पोर्ट से जोड़ा जा सकता है?

ए) समानांतरबंदरगाह

बी) एएसवाईएनसी पोर्ट

सी) कीबोर्ड कनेक्टर

डी) वीडियो पोर्ट

55. कौन सा उपकरण बिजली की रुकावट को रोकता है, जिसके परिणामस्वरूप दूषित डेटा होता है?

a) बैटरीबैक-अपयूनिट

बी) सर्ज रक्षक

ग) एकाधिक SIMM स्ट्रिप्स

d) डेटा गार्ड सिस्टम

56. एससीएसआई को समाप्त किया जाना चाहिए?

ए) डुबकी स्विच

बी) प्रतिरोधी

सी) बीएनसी

घ) ये सभी

57. स्थैतिक बिजली से अपने पीसी को नुकसान पहुंचाने से रोकने का सबसे अच्छा तरीका क्या है?

ए) अपने पीसी को रबड़ की चटाई पर रखें

b) चमड़े के तलवे वाले जूते पहनें

सी) समय-समय पर अपने आप को डिस्चार्ज करने के लिए पीसी पर एक सुरक्षित ग्राउंड पॉइंट को स्पर्श करें

d) ESD कलाईकापट्टापहनें

58. दोषपूर्ण मॉनीटर का निवारण करते समय आप सबसे पहले क्या करेंगे?

a) कंप्यूटरऔरपावरस्रोतसेइसकेकनेक्शनकीजाँचकरें

b) मॉनिटर को बंद कर दें, फिर इसे फिर से चालू करके देखें कि क्या इससे समस्या ठीक हो जाती है

सी) निरंतरता के लिए सीआरटी और आंतरिक सर्किटरी की जांच के लिए मीटर का प्रयोग करें

घ) इनमें से कोई नहीं

59. सीरियल और पैरेलल पोर्ट को चेक करने के लिए आपको क्या चाहिए?

ए) पोर्ट एडाप्टर

बी) तर्क जांच

ग) लूपबैकप्लग

घ) ये सभी

60. आपके पास बिना वीडियो वाला पीसी है* निम्न में से किसके कारण समस्या होने की संभावना सबसे कम है?

ए) दोषपूर्ण रैम (बैंक शून्य)

बी) दोषपूर्ण माइक्रोप्रोसेसर

सी) हार्डड्राइवदुर्घटनाग्रस्तहोगया

डी) ढीला वीडियो कार्ड

61. बूटअप के दौरान आपको CMOS चेकसम त्रुटि मिलती है। सबसे अधिक संभावना क्या कारण है?

क) बिजली की आपूर्ति खराब है

बी) BIOS को अद्यतन करने की आवश्यकता है

सी) सीएमओएसबैटरीजीवनकेअंतकेकरीबहै

घ) इनमें से कोई नहीं

62. Mylar-संरक्षित LCD स्क्रीन की सफाई के लिए आपको किसका उपयोग करना चाहिए?

a) अमोनिया विंडो क्लीनर

बी) गैर-अपघर्षकक्लीन्जर

ग) विरोधी स्थैतिक पोंछे

डी) अल्कोहल-गर्भवती पोंछे

63. एक निश्चित डिस्क त्रुटि का कारण क्या हो सकता है?

ए) नो-सीडी स्थापित

b) बैड राम

ग) धीमा प्रोसेसर

डी) गलतसीएमओएससेटिंग्स

64. USB और IEEE 1394 मानकों के बीच सबसे महत्वपूर्ण अंतर क्या है?

ए) आईईईई 1394 तेजहै

बी) यूएसबी का समर्थन नहीं करता

c) USB प्लग एंड प्ले है

डी) आईईईई 1394 अदला-बदली नहीं है

65. दो आंतरिक SCSI हार्ड डिस्क को कंप्यूटर से कनेक्ट करते समय, आप दूसरी हार्ड ड्राइव को कहाँ कनेक्ट करते हैं?

a) कंप्यूटरपरकोईभीखुला SCSI पोर्ट

b) पहले होस्ट एडॉप्टर पर एक सीरियल पोर्ट

c) कंप्यूटर पर एक खुला समानांतर पोर्ट

डी) पहली हार्ड ड्राइव पर एक खुला एससीएसआई पोर्ट

66. एक रिबन केबल को कनेक्टर से कनेक्ट करते समय, आप कैसे जानते हैं कि इसे किस दिशा में प्लग करना है?

a) केबल में लाल रेखा उच्चतम पिन नंबर पर जाती है

बी) केबलमेंरंगीनरेखा # 1 . पिनकरनेकेलिएजातीहै

ग) इससे कोई फर्क नहीं पड़ता

घ) इनमें से कोई नहीं

67. क्लाइंट साइट पर पूरी तरह से मृत कंप्यूटर का निदान करने में पहला कदम क्या है जो एक दिन पहले काम कर रहा था।

ए) बिजली की आपूर्ति का परीक्षण करें

बी) सीएमओएस बैटरी बदलें

सी) एसीआउटलेटकीजांचकरें

डी) हार्ड ड्राइव कंट्रोलर केबल को रीसेट करें

68. पीसी हार्ड कार्ड किस विनिर्देशन में शामिल हैं?

ए) एससीएसआई

बी) आईएसए

सी) पीसीएमसीआईए

घ) एमएफएम

69. कौन सा सामान्य बस विनिर्देश सबसे तेज़ डेटा अंतरण दर प्रदान करता है?

ए) वीएल बस

बी) आईएसए

सी) पीसीआई

घ) ये सभी

70. मोडेम ट्रांसमिशन का उपयोग करते हैं।

ए) तुल्यकालिक

बी) अतुल्यकालिक

सी) समय अंतराल

जानकारी

71. A 6xx निम्न में से किसी समस्या को इंगित करता है:

ए) फ्लॉपीड्राइव

बी) हार्ड ड्राइव

सी) कीबोर्ड

डी) सीडी रोम

72. डॉट मैट्रिक्स प्रिंटर पर निवारक रखरखाव के दौरान, लुब्रिकेट न करें:

ए) प्लेटिन असेंबली

बी) प्रिंट हेड पुली

सी) प्रिंटहेडपिन

डी) पेपर एडवांस गियर बुशिंग

73. नई हार्ड ड्राइव स्थापित करने के बाद आपको "अमान्य मीडिया डिवाइस" संदेश दिखाई देता है। इसके बाद क्या करेंगे?

ए) प्रारूप

बी) Fdisk

ग) विभाजन

डी) ओएस जोड़ें

74. ईथरनेट लैन पर एक वर्कस्टेशन अभी स्थापित किया गया है, लेकिन नेटवर्क के साथ संचार नहीं कर सकता है। आपको पहले क्या जांचना चाहिए?

ए) नेटवर्क प्रोटोकॉल को फिर से स्थापित करें

बी) नेटवर्क इंटरफेस कार्ड ड्राइवर को फिर से स्थापित करें

सी) वर्कस्टेशन पर आईपी कॉन्फ़िगरेशन सत्यापित करें

डी) कंप्यूटरनेटवर्ककार्डपरलिंककीस्थितिसत्यापितकरें

75. एक पीसी के प्रमुख घटकों में से एक सेंट्रल प्रोसेसिंग यूनिट (सीपीयू) है जिसे सबसे अच्छा रूप में वर्णित किया जा सकता है:

a) वह उपकरण जो मॉनिटर को यह बताते हुए संकेत भेजता है कि क्या प्रदर्शित करना है

बी) वह क्षेत्र जो सभी सिस्टम बिजली उपयोग को नियंत्रित करता है

ग) वह क्षेत्र जहां बेसिक इनपुट/आउटपुट रूटीन का भंडारण किया जाता है

डी) वहक्षेत्रजहांसभीप्रसंस्करणहोताहै

76. कौन सा मॉनिटर उच्चतम स्तर का प्रदर्शन प्रदान करेगा?

ए) वीजीए

बी) एक्सजीए

सी) सीजीए

घ) एसवीजीए

77. निम्नलिखित में से किस मद के लिए आपको EPA निपटान दिशानिर्देशों का पालन करने की आवश्यकता होगी?

कुंजीपटल

बी) सिस्टम बोर्ड

ग) बिजली की आपूर्ति

डी) बैटरी

78. एक हार्ड डिस्क को पटरियों में विभाजित किया जाता है जिन्हें आगे उप-विभाजित किया जाता है:

ए) क्लस्टर

बी) क्षेत्र

सी) वैक्टर

डी) सिर

79. डॉट-मैट्रिक्स प्रिंटर के साथ सबसे अधिक जुड़ी हुई पेपर फीडिंग तकनीक क्या है?

ए) शीट फीड

बी) ट्रैक्टरफ़ीड

ग) घर्षण फ़ीड

डी) मैनुअल फीड

80. सीआरटी का निर्वहन करने से पहले आपको कौन सा कदम उठाना चाहिए?

ए) सीआरटी को उसके आवास से हटा दें

b) CRT को कंप्यूटर से डिस्कनेक्ट करें

ग) वीडियो असेंबली निकालें

डी) बिजलीस्रोतकोहटानेसेपहलेबिजलीबंदकरें

81. एक संधारित्र को निम्नलिखित में से किस इकाई में मापा जाता है?

ए) वोल्ट

बी) ओहम्स

ग) फैराड्स

डी) प्रतिरोध

82. डिस्प्ले काम कर रहा है या नहीं यह निर्धारित करने के लिए आप क्या कहेंगे?

a) क्या स्क्रीन पर कोई वीडियो कर्सर या क्रिया है?

बी) क्या कंप्यूटर बीप या झंकार?

ग) क्या स्क्रीन पर उच्च वोल्टेज स्थिर है

घ) येसभी

83. आपका सीडी-रोम ऑडियो केबल निम्न से कनेक्ट होता है:

वक्ता

बी) साउंडकार्ड (यामदरबोर्डअगरध्वनिइसकेसाथएकीकृतहै)

ग) बिजली की आपूर्ति

डी) हार्ड ड्राइव

84. एक पीसी कार्ड टाइप करें:

a) केवल डेस्कटॉप में उपयोग किया जाता है

बी) अब उत्पादन नहीं किया जा रहा है

c) पीसीकार्डोमेंसबसेपतलेहैं

डी) मौजूद नहीं है

85. लेजर तकनीक में, स्थानांतरण चरण के दौरान क्या होता है? a) अवशिष्ट टोनर को अपशिष्ट पात्र में स्थानांतरित किया जाता है

बी) लेजर छवि को ड्रम से कागज पर स्थानांतरित करता है

ग) छविकोड्रमसेकागजपरस्थानांतरितकियाजाताहै

d) एक ऋणात्मक आवेश सतह पर ड्रम में स्थानांतरित हो जाता है

86. मान लीजिए कि पावर लैंप चालू है, लेकिन प्रिंटर प्रिंट नहीं करेगा। समस्या को ठीक करने के लिए आप क्या कर सकते हैं?

क) सुनिश्चितकरेंकिप्रिंटरलाइनपरहै

बी) एसी लाइन फ्यूज को बदलें

ग) प्रिंटर को चालू और बंद करें

घ) रिबन बदलें

87. Macintosh स्क्रीन पर बम के साथ एक डायलॉग बॉक्स दिखाई देता है। किस प्रकार की समस्या हुई है?

ए) एक रैम समस्या

बी) एक सॉफ्टवेयर समस्या

ग) एक रोम समस्या

घ) एक एडीबी समस्या

88. बिजली बाधित न हो, जिसके परिणामस्वरूप दूषित डेटा हो, यह सुनिश्चित करने के लिए आप क्या उपयोग कर सकते हैं?

ए) यूपीएस

बी) उचित ग्राउंडिंग

सी) सर्ज रक्षक

डी) साग रक्षक

89. आपके कंप्यूटर के पीछे एक 25-पिन महिला कनेक्टर आमतौर पर होगा:

ए) सीरियल पोर्ट 1

बी) एकसमानांतरबंदरगाह

ग) डॉकिंग

डी) COM2 पोर्ट

90. प्रिंटर ड्राइवर के लिए रजिस्ट्री विवरण को ठीक करने का अनुशंसित तरीका क्या है?

ए) स्पूल फ़ाइल हटाएं

b) regedit.exe चलाएँ और प्रिंटर के किसी भी संदर्भ को हटा दें

ग) sysedit.exe चलाएँ और प्रिंटर के किसी भी संदर्भ को हटा दें

डी) प्रिंटरड्राइवरकोहटादेंऔरइसेफिरसेस्थापितकरें

91. समस्या निवारण में एक महत्वपूर्ण पहला कदम लेजर प्रिंटर में कौन सा घटक जाम पैदा कर रहा है:

a) नोटकरेंकिपेपरपथमेंपेपरकहाँरुकताहै

बी) सभी वोल्टेज की जांच करें

ग) त्रुटि कोड देखें

d) प्रिंटर को बंद कर दें, फिर फिर से चालू करें

92. आरक्षित मेमोरी क्षेत्र का आकार क्या है?

ए) 64 केबी

बी) <u>384 केबी</u>

सी) 640 केबी

घ) 1024 केबी

93. कंप्यूटर में धूल वास्तव में उसके अंदर चुंबकीय क्षेत्र के आकार को बढ़ा देती है। यह अच्छा नहीं है, इसलिए आपको कभी-कभार धूल फांकना चाहिए, मुझे विश्वास है। ऐसा करने का सबसे अच्छा तरीका क्या है?

ए) रिजर्ववैक्यूम

बी) कोई भी छोटा वैक्यूम डिवाइस

ग) सिस्टम बोर्ड पर असली जोर से फूंक मारें

डी) <u>संपीड़ितहवाकाउपयोगकरसकतेहैं</u>

94. एक समता त्रुटि आमतौर पर एक समस्या का संकेत देती है:

ए) <u>मेमोरी</u>

बी) हार्ड ड्राइव

सी) हार्ड ड्राइव नियंत्रक

डी) आई / ओ नियंत्रक

95. मॉनिटर पावर एलईडी चालू है? लेकिन मॉनिटर स्क्रीन पूरी तरह से डार्क है। समस्या का कम से कम संभावित कारण है:

ए) कंप्यूटर वीडियो सर्किटरी में दोष

बी) डिस्कनेक्टेड वीडियो केबल

ग) दोषपूर्ण मॉनिटर

डी) <u>सिस्टमरैमसमस्या</u>

96. आम इंक जेट प्रिंटर में स्याही को कागज में कैसे स्थानांतरित किया जाता है?

क) उबलती स्याही

बी) <u>क्रिस्टल</u>

ग) मोटर चालित पंप

d) कागज पर स्याही का छिड़काव किया जाता है और एक नोजल द्वारा प्रबंधित किया जाता है

97. इंकजेट प्रिंटर में पेपर ट्रे के साथ सबसे आम समस्या क्या है?

क) असंगत मुद्रण

बी) खराबपिकअपरोलर्स

ग) शीट फीडर का गलत संरेखण

डी) स्याही कारतूस पर पेपर जैमिंग

98. एक ग्राहक कॉल करता है और कहता है कि उसका कंप्यूटर बूट नहीं हो रहा है, वह शोर सुन सकती है और बॉक्स पर रोशनी देख सकती है, लेकिन स्क्रीन पर कुछ भी नहीं आता है, समस्या को ठीक करने के लिए आपको साइट पर क्या ले जाना चाहिए?

ए) हार्ड ड्राइव

बी) वीडियोकार्ड

सी) पावर केबल

डी) बिजली की आपूर्ति

99. डॉट मैट्रिक्स प्रिंटर पर पैची, फीकी, असमान या इंटरमिटेंट प्रिंट को कौन सी क्रिया ठीक करेगी?

क) रिबनकोबदलना

बी) टाइमिंग बेल्ट को बदलना

ग) कागज फ़ीड तनाव को समायोजित करना

d) ट्रैक्टर फीड रैन्शन को एडजस्ट करना

100. हर वीडियो कार्ड में होना चाहिए?

ए) सीएमओएस

बी) राम

सी) सीपीयू

घ) ये सभी

101. जो खंडित हार्ड ड्राइव का सबसे अच्छा वर्णन करता है:

क) थाली खराब हैं

b) डेटा फ़ाइलें दूषित हैं

c) डेटा के क्लस्टर क्षतिग्रस्त हैं

d) फ़ाइलेंलगातारक्लस्टरमेंसंग्रहीतनहींहोतीहैं

102. एक लेजर प्रिंटर पूरी तरह से काला पृष्ठ उत्पन्न करता है, इसका क्या कारण है?

ए) खराब इमेजिंग लेजर

बी) टोनर कार्ट्रिज में निम्न स्तर

c) कोरोना को स्थानांतरित करने की कोई शक्ति नहीं

d) प्राथमिककोरोनाकोकोईशक्तिनहीं

103. आपको अपने कार्यालय में लेजर प्रिंटर की सेवा अवश्य करनी चाहिए। प्रिंटर के किस भाग को छूने से बचना चाहिए क्योंकि वह गर्म है?

ए) फ्यूज़र

बी) प्रिंटर हेड
सी) प्राथमिक कोरोना
डी) उच्च वोल्टेज बिजली की आपूर्ति
104. सामान्य पीसी बूट प्रक्रिया के दौरान, निम्न में से कौन पहले सक्रिय होता है?
ए) रैम BIOS
बी) सीएमओएस
सी) रॉम BIOS
d) हार्ड डिस्क की जानकारी
105. किस डिवाइस को एक मानक अप में प्लग नहीं करना चाहिए?
एक मॉनिटर
बी) लेजरप्रिंटर
c) इंक-जेट प्रिंटर
डी) एक बाहरी मॉडेम
106. क्या आपको प्रिंटर के दोनों ओर प्रिंट करने की अनुमति देता है?
ए) फ्यूज़र
बी) डुप्लेक्सर
ग) टोनर कार्ट्रिज
डी) पेपर-स्वैपिंग यूनिट
107. कौन सा आमतौर पर एक फील्ड रिप्लेसेबल यूनिट नहीं है?
ए) सिस्टम रोम
बी) बिजली की आपूर्ति
सी) सिस्टमचेसिस
डी) वीडियो नियंत्रक
108. पर्यावरण की दृष्टि से पुनर्चक्रण का सबसे आसान घटक कौन सा है?
ए) मदरबोर्ड
बी) सीएमओएस बैटरी
ग) टोनरकार्ट्रिज
डी) कैथोड रे ट्यूब
109. यदि प्रिंटर केबल को पावर केबल के पास रखा जाए तो क्या समस्या हो सकती है?
ए) ईएसडी इलेक्ट्रोस्टैटिक डिस्चार्ज
बी) ईएमआईविद्युतचुम्बकीयहस्तक्षेप
सी) समता त्रुटि
डी) कोई प्रभाव नहीं

110. बिजली के तूफान के दौरान आप पीसी को पूरी तरह से नुकसान से कैसे बचा सकते हैं?

ए) एसीपावरकेबलकोडिस्कनेक्टकरें

बी) सभी बाहरी केबल और पावर कॉर्ड को डिस्कनेक्ट करें

सी) एक वृद्धि रक्षक का प्रयोग करें

डी) एसी पावर बंद करें

111. सभी ऑपरेटिंग सिस्टम अपनी कुल मेमोरी को इनिशियलाइज़ करते हैं? ए) सीपीयू

बी) BIOS

सी) रोम

डी) राम

112. फ़्यूज़िंग प्रक्रिया के दौरान, टोनर है:

ए) कागज में दबाया हुआ सूखा

b) विद्युत रूप से कागज से बंधा हुआ

ग) कागज में पिघल गया

डी) कागजपरउच्चदबावछिड़काव

113. लेजर प्रिंटर की सेवा के बाद, आप गंदे प्रिंट को देखते हैं। निम्नलिखित में से कौन समस्या को ठीक करेगा?

ए) डेवलपर टैंक को साफ करें

बी) प्रिंटर रीसेट करें

ग) कईखालीपृष्ठचलाएँ

डी) लेजर डायोड को साफ करें

114. बूट प्रक्रिया के दौरान, सिस्टम सबसे पहले मेमोरी को कहां से गिनता है?

ए) विस्तार मेमोरी बोर्ड

बी) वीडियो एडेप्टर

सी) सिस्टमबोर्ड

डी) कैश

115. आपके पास एक प्रणाली है जो समय-समय पर लॉक हो जाती है। आपने सॉफ़्टवेयर से इंकार कर दिया है, और अब संदेह है कि यह हार्डवेयर है। आपको सबसे पहले क्या करना चाहिए जो आपको गलती से घटक को कम करने में मदद कर सके?

ए) रैम को घुमाएं

बी) रैम को बदलें

ग) स्तर 2 कैश SIMM को बदलें

d) CMOS में CPU कैशकोअक्षमकरें

116. आपके हार्ड ड्राइव डेटा को सुरक्षित रखने का सबसे अच्छा तरीका क्या है?

ए) नियमितबैकअप

बी) समय-समय पर इसे डीफ़्रैग्मेन्ट करें

ग) सप्ताह में कम से कम एक बार रनचडस्क

घ) एक नियमित निदान चलाएं

117. कंप्यूटर पर स्लॉट कवर गुम होने का कारण क्या हो सकता है?

ए) गर्मीसेअधिक

बी) पावर सर्ज

सी) ईएमआई

d) ESD के लिए अधूरा रास्ता

118. लेजर प्रिंटर तकनीक में, कंडीशनिंग चरण के दौरान क्या होता है?

a) कोरोना तार कागज पर एकसमान धनावेश रखता है

b) प्रकाशसंवेदीड्रमपरएकसमानऋणात्मकआवेशलगायाजाताहै

सी) टोनर पर एक समान नकारात्मक चार्ज लगाया जाता है

घ) ये सभी

119. कीबोर्ड पर कीज को साफ करने के लिए किस उत्पाद का उपयोग किया जाता है?

ए) टीएमसी विलायक

बी) सिलिकॉन स्प्रे

ग) विकृत शराब

d) सर्व-उद्देश्यीयक्लीनर

120. कौन सा परिधीय बंदरगाह लेजर प्रिंटर को सबसे तेज़ प्रदान करता है?

ए) आरएस -232

बी) एससीएसआई

सी) समानांतर

डी) सीरियल

121. आपका ग्राहक आपको बताता है कि उनके डॉट मैट्रिक्स प्रिंटर की प्रिंट गुणवत्ता हल्की और गहरी है। निम्नलिखित में से कौन समस्या का कारण बन सकता है।

क) कागज की फिसलन

बी) अनुचितरिबनउन्नति

ग) कागज की मोटाई

डी) सिर की स्थिति

122. I/O कार्ड I पर 34-पिन कनेक्शन के लिए?

ए) फ्लॉपीड्राइव

बी) एससीएसआई ड्राइव

सी) आईडीई ड्राइव

डी) ज़िप ड्राइव

123. शब्द "लाल किताब", "पीली किताब" और "नारंगी किताब" का संदर्भ है:

ए) एससीएसआई

बी) आईडीई

ग) फ्लॉपी ड्राइव तकनीक

डी) सीडी-रोममानक

124. कौन से बीप कोड सिस्टम बोर्ड या बिजली आपूर्ति की विफलता का संकेत दे सकते हैं?

ए) स्थिर लघु बीप

बी) कोई बीप नहीं

सी) एक लंबी निरंतर बीप टोन

घ) येसभी

125. लेजर प्रिंटर का कौन सा भाग सूर्य के प्रकाश के संपर्क में नहीं आना चाहिए?

a) ट्रांसफर कोरोना असेंबली

बी) पीसीड्रम

ग) प्राथमिक कोरोना तार

d) टोनर कार्ट्रिज

126. इंकजेट प्रौद्योगिकी में स्याही की बूंदों को किसके द्वारा विक्षेपित किया जाता है?

क) बहुदिशात्मकनलिका

बी) इलेक्ट्रॉनिक रूप से प्लेट चार्ज करता है

सी) उच्च दबाव प्लेट

डी) इलेक्ट्रो स्थैतिक अवशोषण

127. कौन बड़ी वीडियो फ़ाइलों तक सबसे तेज़ पहुँच प्रदान करता है?

ए) ऑप्टिकल ड्राइव

बी) आईडीई हार्ड ड्राइव

सी) एससीएसआईहार्डड्राइव

डी) ईआईडीई हार्ड ड्राइव

128. आपके कंप्यूटर के पीछे एक 25-पिन महिला कनेक्टर आमतौर पर होगा:

ए) सीरियल पोर्ट 1

बी) एकसमानांतरबंदरगाह

ग) डॉकिंग

डी) COM2 पोर्ट

129. पीसी की तरफ, प्रिंटर पोर्ट है:

ए) 25 पिन महिला सीरियल कनेक्टर

बी) 15 पिन महिला समानांतर कनेक्टर

सी) 25 पिन पुरुष सीरियल कनेक्टर

डी) 25 पिनमहिलासमानांतरकनेक्टर

130. आप विंडोज 95 में एक एप्लिकेशन इंस्टॉल कर रहे हैं, और कंप्यूटर क्रैश हो जाता है, आप क्या करते हैं?

a) Alt + Ctrl + Delete दबाएं, दो बार

बी) Alt + Ctrl + हटाएं दबाएं, और कार्य समाप्त करें

c) कंप्यूटर पर रीसेट बटन दबाएं

डी) कंप्यूटरबंदकरेंऔरफ्लॉपीडिस्कसेबूटकरें

131. RS-232 एक मानक है जो इस पर लागू होता है:

ए) सीरियलपोर्ट

बी) समानांतर बंदरगाह

सी) गेम पोर्ट

डी) नेटवर्क

132. आपने अभी एक नया IDE हार्ड ड्राइव स्थापित किया है, लेकिन आपका सिस्टम BIOS नई ड्राइव को नहीं पहचान पाएगा, आपको पहले क्या जांचना चाहिए।

ए) केबल अनुक्रम

बी) हार्डड्राइवपरजंपर्स

ग) ड्राइवर जिन्हें लोड करने की आवश्यकता है

डी) हार्ड ड्राइव निर्माता वेब साइट की जानकारी

133. कंप्यूटर के सभी भौतिक घटकों को सामूहिक रूप से कहा जाता है।

(ए) सॉफ्टवेयर

(बी) हार्डवेयर

(सी) मैलवेयर

(डी) जंकवेयर

134. हार्डवेयर ______ को छुआ जाए।

(ए) नहीं कर सकता

(बी) करसकतेहैं

(सी) मई

(डी) होगा

135. हार्डवेयर ______ काम करने के लिए विद्युत शक्ति।

(ए) खपत

(बी) उपभोग नहीं करता

(सी) उत्पन्न करता है (डी) बनाता है

136. हार्डवेयर ______ स्थान।

(ए) कब्जा नहीं करता है

(बी) कब्जा

(सी) की आवश्यकता नहीं है

(डी) की जरूरत नहीं है

प्रश्न 1. निम्नलिखित में से कौन स्मृति की सबसे बड़ी इकाई है?

ए] गीगाबाइट्स।

बी] बाइट्स।

सी] मेगाबाइट्स।

डी] किलोबाइट्स।

प्रश्न 2. सॉफ्टवेयर का प्राथमिक उद्देश्य डेटा को चालू करना है।

एक वेबसाइट।

बी] सूचना।

सी] कार्यक्रम।

डी] ऑब्जेक्ट्स।

प्रश्न 3. जीयूआई के लिए खड़ा है

ए] ग्राफिकलयूजरइंटरफेस।

बी] ग्रेटर यूजर इंटरफेस।

सी] ग्राफिकल यूनियन इंटरफेस।

डी] ग्राफिकल यूजर इंटरेस्ट।

प्रश्न 4. की-बोर्ड की जिन पर तीर होता है, कहलाती है -

ए] फ़ंक्शन कुंजियाँ।

बी] नेविगेशनकुंजी।

सी] टाइपराइटर कुंजी।

डी] विशेष प्रयोजन कुंजी।

प्रश्न 5. ASSCII, EBCDIC और यूनिकोड एप्लीकेशन सॉफ्टवेयर के उदाहरण हैं

सत्य।

बी] झूठा।

प्रश्न 6. विंडोज़ ऑपरेटिंग सिस्टम में स्क्रीन के किसी भी हिस्से को एक्सेस करने का सबसे आसान तरीका है।

कुंजीपटल।

बी] चूहा।

सी] माउस।

डी]] जॉयस्टिक।

प्रश्न 7. एक सॉफ्टवेयर को a . भी कहा जाता है

एक प्रक्रिया।

बी] डेटा।

सी] कार्यक्रम।

डी] सूचना।

प्रश्न 8. मूल फ़ाइलें क्षतिग्रस्त या खो जाने की स्थिति में बैक प्रोग्राम उपयोग की जाने वाली फ़ाइलों की प्रतिलिपियाँ बनाते हैं।

ए] सच।

बी] झूठा।

प्र.9. माइक्रोप्रोसेसर को अक्सर CPU कहा जाता है

ए] सच।

बी] झूठा।

प्र.10. यूटिलिटी हार्ड डिस्क पर अनावश्यक फाइलों की पहचान करती है और यूजर कमांड के आधार पर उन्हें मिटा देती है।

एक बैकअप।

बी] फ़ाइल संपीड़न।

सी] प्रोग्राम अनइंस्टॉल करें।

डी]] डिस्कक्लीनअप।

प्रश्न 11. इस प्रकार का सॉफ़्टवेयर आपको अधिक उत्पादक कार्यों में मदद करने के लिए डिज़ाइन किया गया है, और लगभग हर डिस्क लाइव और व्यवसाय में व्यापक रूप से उपयोग किया जाता है।

ए] संचार सॉफ्टवेयर।

बी] उपयोगिता सॉफ्टवेयर।

सी] बेसिकएप्लीकेशनसॉफ्टवेयर।

डी] सिस्टम सॉफ्टवेयर।

प्रश्न 12. मिनी कंप्यूटर के रूप में भी जाना जाता है।

ए] मिडरेंजकंप्यूटर।

बी] पर्सनल डिजिटल कंप्यूटर।

सी] मेनफ्रेम कंप्यूटर।

डी] लैपटॉप कंप्यूटर।

प्रश्न 13. कंप्यूटर पर फास्ट गेम खेलने के लिए निम्न में से किस डिवाइस का उपयोग किया जाता है।

ए] सतह को स्पर्श करें।

बी] टच स्क्रीन.2

सी] ट्रैक बॉल।

डी] जॉयस्टिक।

प्रश्न 14. निम्नलिखित में से किसे पोर्टेबल कंप्यूटर नहीं माना जाएगा।

ए] डेस्कटॉपकंप्यूटर।

बी] नोट बुक कंप्यूटर।

सी] व्यक्तिगत डिजिटल सहायक।

डी] इनमें से कोई नहीं।

प्र.15. हेडफोन एक विशिष्ट आउटपुट डिवाइस है।

ए] सच।

बी] झूठा।

प्रश्न 16. अनइंस्टॉल प्रोग्राम कंप्यूटर में इंस्टॉल किए गए अवांछित प्रोग्राम को हटाने में हमारी मदद करते हैं।

ए] सच।

बी] झूठा।

प्रश्न 17. स्टोरेज डिवाइस की क्षमता को आमतौर पर बाइट्स के रूप में मापा जाता है।

ए] सच।

बी] झूठा।

प्रश्न 18. स्टोरेज डिवाइस की क्षमता को आमतौर पर मीटर के रूप में मापा जाता है।

सत्य।

बी] झूठा।

Q.19............. एक पॉइंटिंग डिवाइस है।

ए] माउस।

बी] प्रिंटर।

सी] स्कैनर।

डी] कीबोर्ड।

प्र.20. F1, F2 वगैरह लेबल वाली की-बोर्ड कीज को ....

ए] फ़ंक्शनकुंजियाँ।

बी] संख्यात्मक कुंजी।

सी] टाइपराइटर कुंजी।

डी] विशेष प्रयोजन कुंजी।

प्रश्न 21. कैप्स लॉक जैसी कुंजीपटल कुंजियाँ जो सुविधाओं को चालू या बंद करती हैं, कहलाती हैं।

ए] फ़ंक्शन कुंजियाँ।

बी] संयोजन कुंजी।

सी] <u>कुंजीटॉगलकरें।</u>

डी] विशेष प्रयोजन कुंजी।

प्रश्न 22. वर्ड प्रोसेसिंग, इलेक्ट्रॉनिक स्प्रेड शीट, डेटाबेस मैनेजर और ग्राफिक्स प्रोग्राम सभी को शीर्षक के तहत समूहीकृत किया जाता है।

ए] ब्राउजिंग प्रोग्राम।

बी] ऑपरेटिंग सिस्टम।

सी] <u>एप्लीकेशनसॉफ्टवेयर</u>।

डी] डेटा और सूचना।

प्रश्न 23. कीबोर्ड, माउस, मॉनिटर और सिस्टम यूनिट को सामूहिक रूप से के रूप में भी जाना जाता है

ए] ठोस बर्तन।

बी] सॉफ्टवेयर।

सी] <u>हार्डवेयर।</u>

डी] फर्म वेयर।

प्रश्न 24. मॉनिटर स्क्रीन पर इमेज के आउटपुट को अक्सर सॉफ्ट कॉपी कहा जाता है।

ए] <u>सच</u>।

बी] झूठा।

प्र.25. बाइनरी नंबरिंग सिस्टम में प्रत्येक 0 और 1 को बिट कहा जाता है।

ए] <u>सच</u>।

बी] झूठा।

प्रश्न 26. कैच मेमोरी का उपयोग रैम से सबसे अधिक बार एक्सेस की गई जानकारी को स्टोर करने के लिए किया जाता है।

ए] <u>सच</u>।

बी] झूठा।

प्रश्न 27. सिस्टम बोर्ड को मुख्य बोर्ड या मदर बोर्ड के रूप में भी जाना जाता है।

ए] <u>सच</u>।

बी] झूठा।

प्रश्न 28. ASSCII, EBCDIC और यूनिकोड बाइनरी कोडिंग स्कीम हैं।

ए] <u>सच</u>।

बी] झूठा।

प्रश्न 29. की-बोर्ड पर 0-9 लेबल वाली कीज कहलाती हैं।

ए] फ़ंक्शन कुंजियाँ।

बी] <u>संख्यात्मककुंजी।</u>

सी] टाइपराइटर कुंजी।

डी] विशेष प्रयोजन कुंजी।

प्रश्न 30. सीडी रोम का मतलब कॉम्पैक्ट डिस्क रीड ओनली मेमोरी है।

ए] सच।

बी] झूठा।

प्रश्न 31. .... में चरण-दर-चरण परिचय होता है जो कंप्यूटर को कार्य को पूरा करने का तरीका बताता है।

ए] कार्यक्रम।

बी] हार्डवेयर।

सी] डेटा।

डी] ऑब्जेक्ट्स।

प्रश्न 32. सीडी-आर का मतलब सीडी-रिकॉर्डेबल है।

ए] सच।

बी] झूठा।

Q.33....... एक बैकग्राउंड सॉफ्टवेयर है जो कंप्यूटर को उसके आंतरिक संसाधनों का प्रबंधन करने में मदद करता है।

ए] सिस्टमसॉफ्टवेयर।

बी] सूचना।

सी] ऑब्जेक्ट्स।

डी] इनमें से कोई नहीं।

प्रश्न 34. प्रिंटर का उपयोग करके प्राप्त छवि के आउटपुट को हार्ड कॉपी कहा जाता है।

ए] सच।

बी] झूठा।

प्रश्न 35. फ़ाइल संपीड़न प्रोग्राम निम्नलिखित हैं, EXCEPT

ए] जिप जीतो।

बी] छापे।

सी] आरएआर जीतो।

डी] पीके ज़िप।

प्रश्न 36. डिस्क पर एक ट्रैक कई गोलाकार रिंग क्षेत्रों में से एक है जहां डेटा चुंबकीय रूप से लिखा जाता है।

ए] सच।

बी] झूठा।

प्रश्न 37. फ्लॉपी डिस्क रिमूवेबल स्टोरेज मीडिया हैं।

ए] सच।

बी] झूठा।

प्रश्न 38. जिन कीबोर्ड कुंजियों पर तीर होते हैं, उन्हें कहा जाता है।

ए] फ़ंक्शन कुंजियाँ।

बी] संयोजन कुंजी।

सी] नेविगेशनकुंजी

डी] विशेष प्रयोजन कुंजी।

प्रश्न 39. माइक्रोप्रोसेसर को अक्सर सीपीयू कहा जाता है।

ए] सच।

बी] झूठा।

प्र.40. आठ बिट एक काट बनाते हैं।

ए] सच।

बी] झूठा।

प्रश्न 41. मॉनिटर स्क्रीन पर इमेज के आउटपुट को अक्सर हार्ड कॉपी कहा जाता है।

ए] सच।

बी] झूठा।

Q.42............ ग्राफिकल ऑब्जेक्ट हैं जिनका उपयोग आमतौर पर उपयोग किए जाने वाले एप्लिकेशन को दर्शाने और खोलने के लिए किया जाता है।

ए] जीयूआई।

बी] प्राइमर'।

सी] विंडोज एनटी।

डी] प्रतीक।

प्रश्न 43. CD-ROM का अर्थ है CD-RW।

सत्य।

बी] झूठा।

प्रश्न 44. RAM में संग्रहीत डेटा है

ए] गैर-वाष्पशील है।

बी] बिजलीचालूहोनेपरहीवहांहै।

सी] बिजली बंद होने के कुछ मिनट बाद ही रहता है।

डी] स्थायी है और केवल बिजली की विफलता में खो गया है।

प्रश्न 45. CD-R,CD-क्षेत्रीय के लिए खड़ा है।

सत्य।

बी] झूठा।

प्रश्न 46. मॉनिटर का प्राथमिक कार्य उपयोगकर्ता को सूचना प्रदर्शित करना है।

ए] सच।

बी] झूठा।

प्रश्न 47. रैंडम एक्सेस मेमोरी] रैम। है .... स्मृति का प्रकार है।

एक स्थायी।

बी] अस्थायी।

सी] फ्लैश।

डी] स्मार्ट।

Q.48 कंप्यूटर की बाहरी मेमोरी मदरबोर्ड पर स्लॉट के रूप में मौजूद होती है।

ए] झूठा।

बी] सच।

Q.49 कंप्यूटर की इंटरनल मेमोरी मदरबोर्ड पर चिप्स के रूप में मौजूद होती है

ए] सच।

बी] झूठा।

Q.50 कैश मेमोरी का उपयोग रैम से सबसे अधिक बार एक्सेस की गई जानकारी को स्टोर करने के लिए किया जाता है।

ए] सच।

बी] झूठा।

प्रश्न 1. "सिस्टम दिनांक" और "सिस्टम समय" कंप्यूटर की आंतरिक घड़ी द्वारा अनुरक्षित दिनांक और समय हैं।

ए] सच

बी] झूठा

प्रश्न 2. डिस्क क्लीनअप का उपयोग आपकी फ़ाइलों को पुनर्व्यवस्थित करने के लिए किया जाता है ताकि वे टूट न जाएं।

सत्य

बी] झूठा

प्रश्न 3. Window Vista में एक फोल्डर सिस्टम को "Directory System" भी कहा जाता है।

ए] सच

बी] झूठा

प्रश्न 4. "आरटीएफ" का अर्थ है "रिच टेक्स्ट फॉर्मेट"

ए] सच

बी] झूठा

प्रश्न 5. विंडोज विस्टा का उपयोग कैसे करें, समस्या निवारण जानकारी प्राप्त करने, समर्थन प्राप्त करने आदि के बारे में जानने के लिए आप .... पर क्लिक कर सकते हैं।

एक खोज"

बी] "विंडोज"

सी] "शुरू"

डी] <u>"सहायताऔरसमर्थन"</u>

प्रश्न 6. एमएस पेंट में घुमावदार रेखा खींचने के लिए, हमें .... आइकन पर क्लिक करना होता है।

ए] <u>"वक्र"</u>

बी] "लाइन"

सी] "बहुभुज"

डी] "आयत"

प्रश्न 7. .... का अर्थ है मुद्रित किए जाने वाले वर्णों की ऊंचाई और चौड़ाई।

ए] <u>"फ़ॉन्टआकार"</u>

बी] "सीमा"

सी] "सेल"

डी] "फ़ॉन्ट शैली"

प्रश्न 8. एक बटन है जो "टाइटल बार" पर मौजूद नहीं है।

ए] छोटा करें

बी] <u>प्रारंभ</u>

सी] अधिकतम करें

डी] बंद करें

प्र.9. डिस्क डीफ़्रेग्मेंटर का उपयोग आपकी हार्ड डिस्क पर अनावश्यक फ़ाइलों को हटाने के लिए किया जाता है ताकि स्थान खाली हो सके और आपका कंप्यूटर तेज़ी से चल सके।

सत्य

बी] <u>झूठा</u>

प्र.10. अपने चित्र का आकार बदलने के लिए, मेनू से "छवि विशेषताएँ" चुनें।

ए] <u>सच</u>

बी] झूठा

प्रश्न 11. कैलकुलेटर एप्लिकेशन शुरू करने के लिए "स्टार्ट" पर क्लिक करें और "ऑल प्रोग्राम एक्सेसरीज कैलकुलेटर" चुनें।

ए] <u>सच</u>

बी] झूठा

प्रश्न 12. .... का उपयोग बड़े और जटिल टेक्स्ट दस्तावेज़ बनाने और प्रारूपित करने के लिए किया जा सकता है।

कैलकुलेटर"

बी] <u>"वर्डपैड"</u>

सी] "नोटपैड"

डी] "टेक्स्ट पैड"

प्रश्न 13. नोटपैड एक बुनियादी पाठ संपादक है जिसका उपयोग साधारण दस्तावेज़ बनाने के लिए किया जा सकता है।

ए] <u>सच</u>

बी] झूठा

प्रश्न 14. एक फोल्डर सिस्टम को "................" भी कहा जाता है।

ए] "दिशा प्रणाली"

बी] <u>"निर्देशिकाप्रणाली"</u>

सी] "निर्देशिका सूची"

डी] "फोल्डर बुक"

प्र.15. किसी फ़ोल्डर के भीतर एक फ़ोल्डर को "फ़ोल्डर सूची" के रूप में जाना जाता है।

सत्य

बी] <u>झूठा</u>

प्रश्न 17. A............ एक कंटेनर की तरह है जिसमें आप फाइलों को स्टोर कर सकते हैं।

ए] "आइकन"

बी] "दस्तावेज़"

सी] <u>"फ़ोल्डर"</u>

डी] "शीट"

प्रश्न 18. ऑपरेटिंग सिस्टम का काम है .... से

ए] कई उपयोगी कमांड आसानी से निष्पादित करें।

बी] एक परिभाषित एप्लिकेशन प्रोग्राम इंटरफ़ेस के माध्यम से सेवा के लिए अनुरोध करने के लिए।

सी] <u>कंप्यूटरकोसबसेमौलिकस्तरपरनियंत्रितकरनेकेलिए।</u>

डी] इनमें से कोई नहीं।

प्र.19. विंडोज़ इंटरफ़ेस .... पर आधारित है।

ए] <u>"ग्राफिकलयूजरइंटरफेस" याजीयूआई</u>

बी] एप्लीकेशन प्रोग्राम इंटरफेस या] एपीआई।

सी] "क्लिपबोर्ड"

डी] इनमें से कोई नहीं

प्र.20. फ़ाइल के नाम में दो भाग होते हैं, फ़ाइल का नाम और उप फ़ाइल नाम।

सत्य

बी] <u>झूठा</u>

प्रश्न 21. किसी विशेष फ़ाइल के स्थान को शीघ्रता से एक्सेस करने के लिए, आप फ़ाइल के लिए एक शॉर्टकट आइकन बनाते हैं और उसे डेस्कटॉप पर रखते हैं।

ए] <u>सच</u>

बी] झूठा

प्रश्न 22. विंडोज विस्टा में विंडोज़ साइडबार में मिनी प्रोग्राम होते हैं जिन्हें गैजेट्स कहा जाता है।

ए] <u>सच</u>

बी] झूठा

प्रश्न 23. नोटपैड का उपयोग करके बनाई गई फ़ाइल को एक्सटेंशन के साथ संग्रहीत किया जाता है ....

ए] <u>".txt"</u>

बी] ".docx"

सी] ".पीएनजी"

डी] ".जेपीजी"

प्रश्न 1. एमएस वर्ड 2007 में जब टेक्स्ट का चयन किया जाता है, तो एक "............" स्वचालित रूप से प्रदर्शित होता है।

ए] टास्कबार

बी] मुख्य टूलबार

सी] <u>मिनीटूलबार</u>

डी] मेनू बार

प्रश्न 2. आप निम्न का उपयोग करके TOC बना सकते हैं:

ए] शीर्षक शैलियों।

बी] कस्टम शैलियों।

सी] रूपरेखा स्तर।

डी] <u>येसभी।</u>

प्रश्न 3. .... में फाइल को खोलने, सेव करने, प्रिंट करने और बंद करने का कमांड होता है।

घर"

बी] <u>"कार्यालयबटन"</u>

सी] "देखें"

डी] "इन्सर्ट"

प्रश्न 4. .... दस्तावेजों को डिजाइन करने के लिए कई प्रकार के विकल्प प्रदान करता है।

ए] माइक्रोसॉफ्ट एक्सेल

बी] माइक्रोसॉफ्ट पावरपॉइंट

सी] माइक्रोसॉफ्टवर्ड

डी] माइक्रोसॉफ्ट एक्सेस

प्रश्न 5. निम्नलिखित सभी रिबन टैब Word 2007 में प्रदर्शित होते हैं, सिवाय इसके कि

घर

बी] सम्मिलित करें

सी] उपकरण

डी] पेज लेआउट

प्रश्न 6. जब आप सम्मिलन बिंदु को स्थानांतरित करने के लिए माउस का उपयोग करते हैं, तो माउस पॉइंटर का आकार आई-बीम जैसा होता है।

ए] सच

बी] झूठा

प्रश्न 7. अनुक्रमणिका आपको एक नज़र में उन विषयों को दिखाती है जो दस्तावेज़ में शामिल हैं और इससे जानकारी का पता लगाना आसान हो जाता है।

ए] सच

बी] झूठा

प्रश्न 8. आप अपनी आवश्यकताओं के अनुसार वर्डआर्ट को संशोधित करने के लिए "वर्डआर्ट टूल्स" के अंतर्गत "फॉर्मेट" टैब पर क्लिक कर सकते हैं।

ए] सच

बी] झूठा

प्र.9. वर्ड में फाइल को .... कहते हैं।

टेम्पलेट"

बी] "फॉर्म"

सी] "डेटाबेस"

डी] "दस्तावेज़"

प्र.10. मेल मार्ज सुविधा, डेटा की एक सूची को जोड़ती है, आमतौर पर नामों और पतों की एक फ़ाइल।

ए] सच

बी] झूठा

प्रश्न 11. माइक्रोसॉफ्ट वर्ड बाजार में उपलब्ध एकमात्र वर्ड प्रोसेसर है।

सत्य

बी] झूठा

प्रश्न 12. हाइपरलिंक दस्तावेज़ में एक स्थान या टेक्स्ट के एक भाग की पहचान करता है जिसे आप फीचर संदर्भ के लिए नाम देते हैं।

सत्य

बी] झूठा

प्रश्न 13. A............. एक दस्तावेज़ के एक भाग से संबंधित जानकारी के लिए उसी दूसरे भाग में एक संदर्भ है।

ए] हाइपरलिंक

बी] क्रॉस-रेफरेंस

सी] दस्तावेज़

डी] लिंकेज

प्रश्न 14. इंडेंटेशन के लिए आप अपने टेक्स्ट को इंडेंट करने के लिए "..........." टैब पर "पैराग्राफ" समूह में "डिक्रीज इंडेंट" और "इंडेंट इंडेंट" आइकन का उपयोग कर सकते हैं।

ए] सम्मिलित करें

बी] होम

सी] पेज लेआउट

डी] डेटा

प्र.15. एमएस वर्ड 2007 में "संदर्भ" टैब में वर्तनी जांच, वर्ग और ट्रैक परिवर्तन शामिल हैं।

सत्य

ए] गलत

प्रश्न 16. "..........." पर्यायवाची शब्दों का एक शब्दकोष है जिसका उपयोग आप ऐसे शब्दों को खोजने के लिए कर सकते हैं जो किसी शब्द के पर्यायवाची हैं।

ए] अनुवाद

बी] वर्तनी

सी] थिसॉरस

डी] अनुसंधान

प्रश्न 17. A "................" उन विषयों की एक सूची है जो किसी दस्तावेज़ में उनके संबद्ध पृष्ठ संदर्भों के साथ दिखाई देते हैं।

ए] सूचकांक

बी] टेबल

सी] क्लिपबोर्ड

डी] सामग्रीकीतालिका

प्रश्न 18. आप एमएस वर्ड 2007 में उपलब्ध शैलियों को स्वचालित रूप से लागू करने वाले अपने दस्तावेज़ को प्रारूपित कर सकते हैं।

ए] सच

बी] झूठा

प्र.19. A "............" वर्तमान दस्तावेज़ में किसी स्थान का किसी अन्य दस्तावेज़ या वेब साइट से कनेक्शन है।

एक लिंक

बी] हाइपरलिंक

सी] हाइपोलिंक

डी] लिंकेज

प्र.20. प्रिंट प्रीव्यू मोड में किसी दस्तावेज़ को देखने के लिए, ऑफिस बटन पर क्लिक करें और "प्रिंट प्रिव्यू" चुनें।

ए] सच

बी] झूठा

प्रश्न 21. आप अपने दस्तावेज़ में व्याकरण संबंधी और वर्तनी की गलतियों को स्वचालित रूप से ठीक करने के लिए "स्वतः पूर्ण सुविधा" का उपयोग कर सकते हैं।

सत्य

बी] झूठा

प्रश्न 22. वर्ड प्रोसेसिंग एप्लिकेशन का उपयोग करके आप एक दस्तावेज़ बना सकते हैं, संशोधित कर सकते हैं, स्टोर कर सकते हैं, पुनः प्राप्त कर सकते हैं और प्रिंट कर सकते हैं।

ए] सच

बी] झूठा

प्रश्न 23. "मिनी टूलबार" सबसे अधिक उपयोग किए जाने वाले फ़ॉर्मेटिंग कमांड तक पहुंचने का आसान तरीका प्रदान करता है।

ए] सच

बी] झूठा

प्रश्न 24. अपने दस्तावेज़ में केवल चयनित पृष्ठों को प्रिंट करने के लिए, आप "प्रिंट रेंज" के अंतर्गत "वर्तमान पृष्ठ" या "पृष्ठ" विकल्प का उपयोग कर सकते हैं।

ए] सच

बी] झूठा

प्र.25. एमएस वर्ड 2007 जब हम ऑफिस बटन पर क्लिक करते हैं तो "एडिट" मेनू प्रदर्शित होता है।

सत्य

बी] झूठा

प्रश्न 26. एक "................" एक पूर्व-डिज़ाइन किया गया दस्तावेज़ है जो सामान्य प्रयोजन के दस्तावेज़ जैसे फ़ैक्स, चालान या व्यावसायिक पत्र बनाने के लिए उपयोगी है।

ए] <u>टेम्पलेट</u>

बी] फ़ाइल

सी] फॉर्म

डी] डेटाबेस

प्रश्न 27. एक बहुस्तरीय सूची सूची मदों को अलग-अलग स्तरों पर दिखाती है न कि एकल स्तर पर।

ए] <u>सच</u>

बी] झूठा

प्रश्न 28. A "............" का उपयोग जानकारी को क्षैतिज पंक्तियों और लंबवत स्तंभों के आसानी से पढ़े जाने वाले प्रारूप में व्यवस्थित करने के लिए किया जाता है।

एक कोशिका

बी] शीट

सी] बॉक्स

डी] <u>टेबल</u>

प्रश्न 29. बाईं ओर अलग-अलग वर्ण को हटाने के लिए आप "..........." दबा सकते हैं।

ए] हटाएं

बी] <u>बैकस्पेस</u>

केंद्र

डी] स्पेसबार

प्रश्न 30. जब आप "होम" टैब पर "प्रारूप प्रिंटर" आइकन पर क्लिक करते हैं, तो आप देख सकते हैं कि आपका माउस पॉइंटर "..........." आइकन में बदल जाता है।

ए] <u>तूलिका</u>

बी] आई-बीम

सी] तीर

डी] 4-रास्ता तीर

प्रश्न 31. आप "नया दस्तावेज़" विंडो में एक टेम्पलेट नाम पर जाँच करके Word द्वारा प्रदान किए गए मानक टेम्पलेट का उपयोग करके एक नया दस्तावेज़ बना सकते हैं।

ए] <u>सच</u>

बी] झूठा

प्रश्न 32. एमएस वर्ड की मेल मर्ज सुविधा आपको विशेष प्रस्तावों के बारे में अपने दस्तावेज़ को बड़ी संख्या में लोगों को मेल करने की सुविधा प्रदान करती है।

ए] <u>सच</u>

बी] झूठा

प्रश्न 33। जब आप अपने माउस को एक बटन पर ले जाते हैं, तो एक .... प्रदर्शित होता है। यह एक विस्तृत विवरण प्रदान करता है कि बटन क्या करता है।

ए] सुपर-टूलटिप

बी] उप-टूलटिप

सी] जानकारी

डी] की-टिप

प्रश्न 34. MS Word 2007 टेक्स्ट, डेटा या नंबरों को आरोही या अवरोही क्रम में जल्दी से सॉर्ट कर सकता है।

ए] सच

बी] झूठा

प्रश्न 35. ...... आवेदन पत्र, ब्रोशर, फैक्स और यहां तक कि पेशेवर मैनुअल से व्यक्तिगत पत्र जैसे विभिन्न प्रकार के लिखित दस्तावेज बनाने में आपकी मदद करते हैं।

ए] वर्डप्रोसेसर

बी] वर्ड पैड

सी] नोट पैड

डी] इनमें से कोई नहीं

प्रश्न 36. "मेलिंग" टैब में मेल मर्ज के लिए आवश्यक आइटम होते हैं।

ए] सच

बी] झूठा

प्रश्न 37. Word प्रत्येक पृष्ठ के अंत में फ़ुटनोट रखता है और दस्तावेज़ों के अंत में नोट्स समाप्त करता है।

ए] सच

बी] झूठा

प्रश्न 38. टेक्स्ट को बनाए रखते हुए हाइपरलिंक को हटाने के लिए, राइट - उस पर क्लिक करें और "हाइपरलिंक निकालें" चुनें।

ए] सच

बी] झूठा

प्रश्न 39. एमएस वर्ड एक लाल लहराती रेखांकन के साथ विसंगतियों को स्वरूपित करने को इंगित करता है।

सत्य

बी] झूठा

प्र.40. दस्तावेज़ को स्वचालित रूप से सही करने के लिए, हम उपयोग करते हैं

ए] ऑटोसहीसुविधा

बी] ऑटो पूर्ण सुविधा

सी] स्वरूपण

डी] बिल्डिंग ब्लॉक्स

प्रश्न 41. समाचार पत्र के कॉलम के लिए एक "..........." एक सामान्य अनुप्रयोग है।

ए] समाचार पढ़ना

बी] समाचारपत्र

सी] समाचार

डी] समाचार संपादक

प्रश्न 1. सूत्र पट्टी में, एक आसन्न श्रेणी को आरंभिक और संपादन सेल पतों को a . द्वारा अलग करके निर्दिष्ट किया जाता है

ए] अर्धविराम

बी] अल्पविराम

सी] पूर्ण विराम

डी] कोलन

प्रश्न 2. सेल पता "टेक्स्ट बॉक्स" में प्रदर्शित होता है।

सत्य

बी] झूठा

प्रश्न 3. ए .... डेटा का एक दृश्य प्रतिनिधित्व है और जानकारी को समझने में आसान और आकर्षक तरीके से बताता है।

ए] चार्ट

बी] टेबल

सी] चित्र

डी] ग्राफिक

प्रश्न 4. फ़ार्मुलों में, एक गैर-आसन्न श्रेणी को एक .... द्वारा अलग किए गए सेल पते देकर निर्दिष्ट किया जाता है।

ए] अर्धविराम

बी] अल्पविराम

सी] पूर्ण विराम

डी] कोलन

प्रश्न 5. आप अपनी कार्यपत्रक में सीधे संपादित करने के बजाय, डेटा दर्ज करने और संपादित करने के लिए .... का उपयोग कर सकते हैं।

ए] फॉर्मूलाबार

बी] शीर्षक बार

सी] मेनू बार

डी] स्पेस बार

प्रश्न 6. आपकी Excel 2007 फ़ाइल "..........." एक्सटेंशन के साथ संग्रहीत है।

ए] ".docx"

बी] ".xlsx"

सी] ".xltx"

डी] ".zltx"

प्रश्न 7. इलेक्ट्रॉनिक स्प्रेडशीट या वर्कशीट में, डेटा को संपादित किया जा सकता है, नया डेटा जोड़ा जा सकता है, और अवांछित डेटा को हटाया जा सकता है।

ए] सच

बी] झूठा

प्रश्न 8. "समीक्षा" टैब में वर्तनी जांच जैसे अशुद्धि जाँच उपकरण होते हैं और इसमें बटन भी होता है जो आपको वर्कशीट में टिप्पणियां जोड़ने और संशोधनों को प्रबंधित करने देता है।

ए] सच

बी] झूठा

प्र.9. "..........." टैब में वर्तनी जांच जैसे अशुद्धि जाँच उपकरण होते हैं।

ए] "समीक्षा"

बी] "डेटा"

सी] "देखें"

डी] "इन्सर्ट"

प्र.10. आप हमारी खुद की वर्क बुक टेम्प्लेट बना और डिज़ाइन कर सकते हैं।

ए] सच

बी] झूठा

प्रश्न 11. स्प्रेडशीट प्रोग्राम में जब आप एक सेल से दूसरे सेल में जाते हैं, तो सक्रिय सेल का संदर्भ या पता "नाम बॉक्स" में दिखाई देता है।

ए] सच

बी] झूठा

प्रश्न 12. Microsoft Excel अनुप्रयोग प्रारंभ करने के लिए, "प्रारंभ" बटन पर क्लिक करें और "सभी प्रोग्राम Microsoft Office ? Microsoft Office Excel 2007" चुनें।

ए] सच

बी] झूठा

प्रश्न 13. "सम्मिलित करें" टैब आपको स्प्रेडशीट प्रोग्राम में टेबल, ग्राफिक्स, चार्ट और हाइपरलिंक जैसी विशेष सामग्री जोड़ने देता है।

ए] सच

बी] झूठा

प्रश्न 14. पृष्ठ के निचले भाग में दिखाई देने वाले पाठ को "पाद लेख" कहा जाता है।

ए] सच

बी] झूठा

प्र.15. एक्सेल में, फॉर्मूला हमेशा बराबर चिह्न से शुरू होता है] =। और अंकगणितीय ऑपरेटरों जैसे +, -, *, /,%, और ^ का उपयोग क्रमशः जोड़, घटाव, गुणा, भाग, प्रतिशत और घातांक करने के लिए करता है।

ए] सच

बी] झूठा

प्रश्न 16. काम करते समय आपको एक से अधिक शीट से डेटा को संदर्भित करना पड़ सकता है जिसे रेफरेंसिंग मल्टीपल शीट कहा जाता है।

ए] सच

बी] झूठा

प्रश्न 17. डिफ़ॉल्ट पृष्ठ अभिविन्यास सेटिंग "लैंडस्केप" है।

सत्य

बी] झूठा

प्रश्न 18. "............" एक ऐसी विधि है जो मूल्यों के पूर्वानुमान में आपकी सहायता करती है।

ए] "ढूंढें"

बी] "बदलें"

सी] "लक्ष्यकीतलाश"

डी] "जाओ"

प्र.19. MS Excel 2007 में, "रिबन" के नीचे, हम बाईं ओर नाम बॉक्स और दाईं ओर फॉर्मूला बार देख सकते हैं।

ए] सच

बी] झूठा

प्र.20. ए "..........." एक पूर्व लिखित सूत्र है जो स्वचालित रूप से गणना करता है।

ए] "फ़ंक्शन"

बी] "समीकरण"

सी] "टेम्पलेट"

डी] "प्रतिक्रिया"

प्रश्न 21. एमएस एक्सेल 2007 का उपयोग विभिन्न प्रकार के .... के लिए किया जाता है जो सरल से जटिल तक भिन्न होते हैं।

ए] गणना

बी] जोड़तोड़

सी] प्रस्तुतियाँ

डी] भाव

प्रश्न 22. आपकी एक्सेल फ़ाइल ".xltx" एक्सटेंशन के साथ संग्रहीत है।

सत्य

बी] झूठा

प्रश्न 23. "स्वतः सुधार" Microsoft Excel 2007 की एक विशेषता है जो तार्किक रूप से श्रृंखला को दोहराकर और विस्तारित करके शीर्षक की एक श्रृंखला में प्रवेश करना आसान बनाता है।

सत्य

बी] झूठा

प्रश्न 24. "एक सापेक्ष संदर्भ" एक सूत्र में उपयोग किया जाने वाला एक सेल या श्रेणी संदर्भ है जिसका स्थान किसी सूत्र की प्रतिलिपि बनाने पर नहीं बदलता है।

सत्य

बी] झूठा

प्र.25. पदानुक्रम में किसी आइटम के स्तर को बदलते समय आप इंडेंट का उपयोग करके बढ़ा सकते हैं।

ए] "टैब"

बी] "बैकस्पेस"

सी] "हटाएं"

डी] "स्पेसबार"

प्रश्न 26. मार्जिन सेट करने के लिए, "पेज लेआउट" टैब पर "पेज सेटअप" समूह से "मार्जिन" चुनें।

ए] सच

बी] झूठा

प्रश्न 27. बाईं ओर अलग-अलग वर्ण निकालने के लिए आप "............" दबा सकते हैं।

ए] हटाएं

बी] बैकस्पेस

केंद्र

डी] स्पेसबार

प्रश्न 28. ड्रॉप कैप्स शुरुआत में पहले अक्षर हैं जो कई पंक्तियों में बातचीत करते हुए बढ़े हुए हैं।

ए] सच

बी] झूठा

प्रश्न 29. एक पंक्ति और एक स्तंभ के प्रतिच्छेदन को "................" कहा जाता है।

मेज़

बी] सेल

सी] डेटा

डी] शीट

प्रश्न 30. A............ एक फाइल है जो एप्लिकेशन द्वारा "रेडी टू यूज" फॉर्मेट में उपलब्ध कराई जाती है।

एक पनना

बी] टेम्पलेट

सी] बुक

डी] रिपोर्ट

प्रश्न 31. A............ डेटा का एक दृश्य प्रतिनिधित्व है और जानकारी को समझने में आसान और आकर्षक तरीके से बताता है।

ए] चार्ट

बी] टेबल

सी] चित्र

डी] ग्राफिक

प्रश्न 32. अपनी कार्यपुस्तिका में कार्यपत्रक के बीच जाने के लिए, आपको "कार्यपुस्तिका" टैब पर क्लिक करना होगा।

सत्य

बी] झूठा

प्रश्न 33। एक थीम में रंग पैलेट, फ़ॉन्ट सेट और प्रभाव शामिल होते हैं।

ए] सच

बी] झूठा

प्रश्न 34. आप वर्कशीट के दो क्षेत्रों को देख सकते हैं और पैन को विभाजित या फ्रीज करके एक क्षेत्र में पंक्तियों या स्तंभों को लॉक कर सकते हैं।

ए] सच

बी] झूठा

प्रश्न 35. "..........." अलग-अलग डिज़ाइन हैं जिन्हें दस्तावेज़ के विभिन्न भागों पर लागू किया जा सकता है।

ए] "ग्राफिक्स"

बी] "शैलियाँ"

सी] "चित्र"

डी] "थीम्स"

प्रश्न 36. "..........." में फाइल को खोलने, सेव करने, प्रिंट करने और बंद करने के लिए कमांड होते हैं।

ए] "देखें" टैब

बी] "कार्यालय बटन"

सी] "इन्सर्ट" टैब

डी] "समीक्षा" टैब

प्रश्न 37. जब एक निरपेक्ष सेल संदर्भ वाले सूत्र को वर्कशीट में किसी अन्य पंक्ति या कॉलम में कॉपी किया जाता है, तो सेल संदर्भ नहीं बदलता है।

ए] सच

बी] झूठा

प्रश्न 38. "हेडर" आमतौर पर वह शीर्षक होता है जिसे आप पृष्ठ पर देते हैं।

ए] सच

बी] झूठा

प्रश्न 39. पृष्ठ के शीर्ष मार्जिन में दिखाई देने वाले पाठ को .... कहा जाता है।

ए] फूटर

बी] कॉलम

सी] हैडर

डी] पैराग्राफ

प्र.40. स्प्रेडशीट प्रोग्राम में एक टेबल दो या दो से अधिक सेल का चयन होता है।

ए] सच

बी] झूठा

प्रश्न 41. "शीर्षक" आमतौर पर पाद लेख के रूप में दिया जाता है।

सत्य

बी] झूठा

प्रश्न 42. स्वत: सापेक्ष सेल संदर्भों को रोकने के लिए, यानी सेल संदर्भ को पूर्ण बनाने के लिए, कॉलम और पंक्ति संख्या से पहले एक .... वर्ण टाइप करें।

ए] # हैश।

बी] $ डॉलर।

सी]% प्रतिशत।

डी] * तारा।

प्रश्न 43. एक थीम में रंग पैलेट, फ़ॉन्ट सेट और प्रभाव शामिल होते हैं।

ए] सच

बी] झूठा

प्रश्न 44. किसी समूह या कक्षों की श्रेणी का चयन करने के लिए, उस सेल पर क्लिक करें जिसे आप शुरू करना चाहते हैं, अपने कर्सर को खींचें और जब आप चयन के अंत तक पहुँच जाएँ तो उसे छोड़ दें।

ए] <u>सच</u>

बी] झूठा

प्रश्न 45. यदि हमें एक पृष्ठ पर अधिक डेटा जोड़ने की आवश्यकता है, तो हम पृष्ठ अभिविन्यास को लैंड स्केप में बदल देते हैं।

ए] <u>सच</u>

बी] झूठा

प्रश्न 46. प्रत्येक कार्यपत्रक का उपयोग विभिन्न प्रकार की संबंधित सूचनाओं को व्यवस्थित करने के लिए किया जा सकता है।

ए] <u>सच</u>

बी] झूठा

प्रश्न 47. "तालिका" डेटा का एक दृश्य प्रतिनिधित्व है और जानकारी को समझने में आसान और आकर्षक तरीके से व्यक्त करती है।

सत्य

बी] <u>झूठा</u>

प्रश्न 48. एमएस एक्सेल 2007 के साथ प्रदान की गई "थीम" सार्वभौमिक डिजाइन हैं जो सभी शैलियों को एकजुट करती हैं।

ए] <u>सच</u>

बी] झूठा

प्रश्न 49. Microsoft Excel 2007 में, एक एकल फ़ाइल या दस्तावेज़ को "..........." कहा जाता है।

ए] <u>कार्यपुस्तिका</u>

बी] वर्कशीट

सी] शीट

डी] नोटबुक

प्रश्न 50. "नोटबुक" में एक या अधिक कार्यपत्रकों का संग्रह होता है और, वैकल्पिक रूप से, आपके कार्यपत्रक डेटा के ग्राफिक चित्रों वाले चार्ट शीट।

सत्य

बी] <u>झूठा</u>

प्रश्न 51. .... विकल्प के साथ, आप पंक्तियों और स्तंभों में से किसी एक या दोनों को फ्रीज कर सकते हैं। चाहे आप वर्कशीट में कहीं भी हों, आप हर समय इन पंक्तियों और/या कॉलम में जानकारी देख सकते हैं।

एक बँटवारा

बी] व्यवस्था

सी] फिटर

डी] पैनफ्रीजकरें

प्र.52. आप इलेक्ट्रॉनिक शीट या वर्कशीट में डेटा को अधिक प्रभावी ढंग से दर्शाने के लिए चार्ट बना सकते हैं।

ए] सच

बी] झूठा

प्रश्न 53. स्प्रेडशीट में प्रत्येक सेल का अपना पता होता है जिसे "सेल एड्रेस" कहा जाता है।

ए] सच

बी] झूठा

प्रश्न 54. MS Excel 2007 में एक टेम्प्लेट फ़ाइल का एक्सटेंशन "..............." होता है।

ए] .docx

बी] .yltx

सी] .xltx

डी] .zltx

प्रश्न 55. ए "...........।" एक लेखाकार के बहीखाते की तरह है जिसमें पंक्तियों और स्तंभों का समावेश होता है।

मेज़

बी] माइक्रोसॉफ्टएक्सेल 2007

सी] प्रारूप

डी] शीट

प्रश्न 1. "सम्मिलित करें" टैब में ऑब्जेक्ट्स का मूल सेट होता है जिसे आप स्लाइड में सम्मिलित कर सकते हैं।

ए] सच

बी] झूठा

प्रश्न 2. निर्दिष्ट नए टेक्स्ट द्वारा खोज टेक्स्ट की सभी घटनाओं को बदलने के लिए "सभी को बदलें" पर क्लिक करें।

ए] सच

बी] झूठा

प्रश्न 3. एक "..............." ग्राफिक आपकी जानकारी और विचारों का एक दृश्य प्रतिनिधित्व है।

ए] "वर्डआर्ट"

बी] "क्लिपआर्ट"

सी] "स्मार्टआर्ट"

डी] "ऑटोशेप"

प्रश्न 4. Microsoft PowerPoint अनुप्रयोग प्रारंभ करने के लिए, "प्रारंभ" बटन पर क्लिक करें और "सभी कार्यक्रम ? Microsoft Office ? Microsoft Office PowerPoint 2007" चुनें।

ए] सच

बी] झूठा

प्रश्न 5. "............" उपयोग के लिए तैयार चित्र को संदर्भित करता है।

ए] "वर्डआर्ट"

बी] "क्लिपआर्ट"

सी] "स्मार्टआर्ट"

डी] "ऑटोशेप"

प्रश्न 6. हाल ही में उपयोग की गई प्रस्तुति को खोलने के लिए आप कार्यालय बटन पर क्लिक कर सकते हैं और फिर "हाल के दस्तावेज़" के तहत प्रदर्शित सूची में प्रस्तुति नाम पर क्लिक कर सकते हैं।

ए] सच

बी] झूठा

प्रश्न 7. स्मार्टआर्ट प्रोग्राम एक प्रभावी प्रस्तुतिकरण बनाने में आपकी मदद करने के लिए डिज़ाइन किए गए हैं।

सत्य़

बी] झूठा

प्रश्न 8. "............" टैब में ऐसे टूल होते हैं जो यह नियंत्रित करते हैं कि स्लाइड शो को कैसे प्रस्तुत किया जाए।

डिजाइन"

बी] "स्लाइडशो"

सी] "समीक्षा"

डी] "देखें"

प्र.9. स्लाइड सॉर्टर दृश्य में प्रदर्शित स्लाइड के लघु चित्र।

ए] सच

बी] झूठा

प्र.10. .... जो आइकन प्रदर्शित करता है जो आमतौर पर उपयोग किए जाने वाले कमांड जैसे सेव, पूर्ववत और फिर से प्रदर्शित करता है।

ए] होम बटन

बी] रिबन

सी] क्विकएक्सेसटूलबार

डी] कार्यालय बटन

प्रश्न 11. A "..........." वर्तमान दस्तावेज़ में किसी स्थान, किसी अन्य दस्तावेज़ या वेबसाइट से एक कनेक्शन है।

ए] हाईलिंक

बी] हिपोलिंक

सी] लिंकेज

डी] हाइपरलिंक

प्रश्न 12. कंप्यूटर पर स्लाइड शो बनाने के लिए .... का उपयोग किया जाता है

ए] प्रस्तुतिग्राफिक्स

बी] विश्लेषणात्मक विकास कार्यक्रम

सी] सुपर स्लाइड पैकेज

डी] स्लाइड मेकर टूल्स

प्रश्न 13. वेब पेज के रूप में अपनी प्रस्तुति का पूर्वावलोकन करने के लिए, आपको रिबन में "वेब पेज पूर्वावलोकन" कमांड जोड़ना होगा।

सत्य़

बी] झूठा

प्रश्न 14. "स्लाइड शो व्यू" के साथ आप देख सकते हैं कि एक्टुलाशो में आपके ग्राफिक्स का समय, फिल्में, एनिमेटेड तत्व और संक्रमण प्रभाव कैसे दिखेंगे।

सत्य़

बी] झूठा

प्र.15. ग्राफिक प्रेजेंटेशन में प्रोग्राम प्रत्येक प्रेजेंटेशन को .... में बांटा गया है।

ए] चार्ट

बी] स्लाइड

सी] टेबल

डी] चित्र

प्रश्न 16. पावरपॉइंट "मैच केस" में: आप केस सेंसिटिव सर्च के लिए इस बॉक्स को चेक कर सकते हैं।

ए] सच

बी] झूठा

प्रश्न 17. "कागज को फिट करने के लिए पैमाना": बाहरी फ्रेम के साथ स्लाइड को प्रिंट करने के लिए इस बॉक्स को चेक करें।

सत्य़

बी] झूठा

प्रश्न 18. PowerPoint में "बिल्ड इफेक्ट्स" सामग्री को स्लाइड करने के लिए एनिमेशन हैं।

ए] सच

बी] झूठा

प्र.19. एक "..........." एक पूर्व-डिज़ाइन की गई प्रस्तुति है जिसे सामान्य उद्देश्य जैसे कि फोटो एल्बम या क्विज़ शो के लिए डिज़ाइन किया गया है।

एक चार्ट"

बी] "टेबल"

सी] "स्लाइड"

डी] "टेम्पलेट"

प्र.20. आप PowerPoint द्वारा प्रदान किए गए टेम्पलेट का उपयोग करके एक नई प्रस्तुति बना सकते हैं।

ए] सच

बी] झूठा

प्रश्न 21. हम PowerPoint स्लाइड पर एक वीडियो क्लिप सम्मिलित कर सकते हैं।

ए] सच

बी] झूठा

प्रश्न 22. जब आप अपने माउस को साइज़िंग हैंडल पर ले जाते हैं तो पॉइंटर "..........." बन जाता है।

ए] गोल तीर

बी] दोसिरवालातीर

सी] प्लस साइन

डी] चार सिर वाला तीर

प्रश्न 23. पावरपॉइंट प्रेजेंटेशन निम्नलिखित एप्लिकेशन सॉफ्टवेयर का एक घटक है।

ए] लीप ऑफिस

बी] कार्यालय शुरू करें

सी] ओपन ऑफिस

डी] एमएसऑफिस

प्रश्न 24. "स्लाइड शो व्यू" थंबनेल रूप में आपकी स्लाइड का एक विशिष्ट दृश्य है।

सत्य

बी] झूठा

प्र.25. हेडर और फुटर का उपयोग स्लाइड नंबर, समय और तारीख, कंपनी का लोगो या प्रेजेंटेशन टाइटल को हैंड आउट या नोट्स पेज के शीर्ष पर या स्लाइड, हैंडआउट या नोट्स

पेज के नीचे जोड़ने के लिए किया जाता है। .

ए] सच

बी] झूठा

प्रश्न 26. स्क्रीन पर एक विंडो में अपनी स्लाइड का पूर्वावलोकन देखने के लिए, त्वरित एक्सेस टूलबार पर क्लिक करें और "प्रिंट प्रिंट पूर्वावलोकन" चुनें।

सत्य़

बी] झूठा

प्रश्न 27. ग्राफिक्स प्रेजेंटेशन प्रोग्राम में प्रत्येक प्रेजेंटेशन को चार्ट में बांटा गया है।

सत्य़

बी] झूठा

प्रश्न 28. वर्डआर्ट ग्राफिक्स का उपयोग करके, आप अपने संदेश को त्वरित और सरल तरीके से प्रभावी ढंग से संप्रेषित कर सकते हैं।

सत्य़

बी] झूठा

प्रश्न 29. आप स्क्रीन के नीचे "..........." पर प्रदर्शित बटनों को चेक करके प्रस्तुति दृश्य बदल सकते हैं।

ए] "टाइटल बार"

बी] "मेनू बार"

सी] "टूल बार"

डी] "स्टेटसबार"

प्रश्न 30. "एनिमेशन" आपकी स्लाइड में विशेष दृश्य या ध्वनि प्रभाव को जोड़ने के लिए संदर्भित करता है।

ए] सच

बी] झूठा

प्रश्न 31. पावरपॉइंट प्रेजेंटेशन ग्राफिक्स का उपयोग करना सरल है और इसका उपयोग प्रभावी प्रस्तुति के लिए किया जाता है

ए] एक विषय पर।

बी] सच

सी] झूठा

प्रश्न 32. एक "समीक्षा" एक प्रस्तुति को देखने का एक तरीका है।

सत्य़

बी] झूठा

प्रश्न 33। प्रेजेंटेशन ग्राफ़िक्स में "..........." का उपयोग आपकी प्रेजेंटेशन में हैंडआउट या नोट्स पेज के शीर्ष पर स्लाइड नंबर, समय और तारीख, कंपनी लोगो या प्रेजेंटेशन शीर्षक

जैसी जानकारी जोड़ने के लिए किया जाता है। , या स्लाइड के नीचे, हैंडआउट या नोट्स।

ए] हाइपरलिंक

बी] टेबल्स

सी] <u>शीर्षलेखऔरपादलेख</u>

डी] चार्ट

प्रश्न 34. स्लाइड पर साइज़िंग हैंडल का उपयोग केवल ऊंचाई या चौड़ाई को समायोजित करने के लिए किया जाता है।

ए] <u>सच</u>

बी] झूठा

प्रश्न 35. "............" वास्तविक स्लाइड शो प्रस्तुति की तरह पूर्ण कंप्यूटर स्क्रीन लेता है।

ए] स्लाइड सॉर्टर व्यू

बी] सामान्य दृश्य

सी] <u>स्लाइडशोव्यू</u>

डी] नोट्स पेज

प्रश्न 36. "आउटलाइन" टैब आपके स्लाइड टेक्स्ट को आउटलाइन फॉर्म में दिखाता है।

ए] <u>सच</u>

बी] झूठा

प्रश्न 37. एक स्लाइड लेआउट एक स्लाइड पर पाठ, चित्र, टेबल, चार्ट और मूवी जैसे तत्वों की व्यवस्था को संदर्भित करता है।

ए] <u>सच</u>

बी] झूठा

प्रश्न 38. यदि आपकी प्रस्तुति में बड़ी संख्या में स्लाइड हैं, तो आपको अपनी सभी स्लाइडों को देखने और उनकी स्थिति बदलने के लिए .... का उपयोग करना अधिक सुविधाजनक लग सकता है।

ए] सामान्य दृश्य

बी] <u>स्लाइडसॉर्टरव्यू</u>

सी] स्लाइड शो व्यू

डी] नोट्स पेज

प्रश्न 39. आप किसी स्लाइड को हटाने के लिए सामान्य दृश्य या स्लाइड सॉर्टर दृश्य का उपयोग कर सकते हैं।

ए] <u>सच</u>

बी] झूठा

प्र.40. माइक्रोसॉफ्ट पावरपॉइंट में आपकी फाइल को .... एक्सटेंशन के साथ स्टोर किया जाता है।

ए] पीएसडी

बी] .rtf

सी] .pptx

डी] .docx

प्रश्न 41. जब पॉइंटर .... बन जाता है, तो आप प्लेसहोल्डर को अपने इच्छित स्थान पर खींच सकते हैं।

ए] गोल तीर

बी] दो गोल तीर

सी] प्लस साइन

डी] चारसिरवालातीर

प्रश्न 42. एक "क्लिप" एक एकल मीडिया फ़ाइल हो सकती है, जिसमें कला, ध्वनि, एनीमेशन या फिल्में शामिल हैं।

ए] सच

बी] झूठा

प्रश्न 43. "..........." एक फ़ाइल के बारे में विवरण हैं जो इसे पहचानने में मदद करते हैं।

ए] डेस्कटॉप गुण

बी] विंडो गुण

सी] उन्नत गुण

डी] दस्तावेज़गुण

प्रश्न 44. चयन आयत के स्लाइड और कोनों पर "साइज़िंग हैंडल" का उपयोग प्लेस होल्डर के आकार को समायोजित करने के लिए किया जा सकता है।

ए] सच

बी] झूठा

प्रश्न 45. आपके द्वारा पहले सहेजी गई फ़ाइल को खोलने के लिए, रिबन पर क्लिक करें और "खोलें" चुनें।

सत्य

बी] झूठा

प्रश्न 46. "............" मुख्य संपादन दृश्य है।

ए] स्लाइड सॉर्टर व्यू

बी] सामान्यदृश्य

सी] स्लाइड शो व्यू

डी] नोट्स पेज

प्रश्न 47. हम पावरपॉइंट स्लाइड पर एक ऑडियो क्लिप डाल सकते हैं।

ए] <u>सच</u>

बी] झूठा

प्रश्न 48. PowerPoint में "इन्सर्ट" टैब में आपकी स्लाइड्स को डिज़ाइन करने के लिए टूल होते हैं।

सत्य

बी] <u>झूठा</u>

प्रश्न 49. "..........." टैब में मूल स्वरूपण उपकरण होते हैं।

डिजाइन"

बी] "देखें"

सी] "सम्मिलित करें"

डी] <u>"होम"</u>

प्रश्न 50. "स्लाइड्स" टैब आपकी प्रस्तुति के माध्यम से नेविगेट करना और परिवर्तनों के प्रभावों को देखना और स्लाइडर को पुनर्व्यवस्थित करना, जोड़ना या हटाना आसान बनाता है।

ए] <u>सच</u>

बी] झूठा

प्रश्न 1. नेटस्केप नेविगेटर एक प्रकार का ....

ए] उपयोगिता कार्यक्रम।

बी] ऑपरेटिंग सिस्टम।

सी] <u>ब्राउज़र।</u>

डी] वेब संलेखन कार्यक्रम।

प्रश्न 2. जब आप "http://www.mkcl.org" जैसा पता टाइप करते हैं, तो इसमें .org इंगित करता है।

ए] <u>मूलवेबसाइट।</u>

बी] वाणिज्यिक वेब साइट।

सी] संगठनात्मक वेब साइट।

डी] शैक्षिक वेब साइट।

प्रश्न 3. आप .... और .... का उपयोग करके किसी विशिष्ट विषय के लिए वर्ल्ड वाइड वेब पर खोज कर सकते हैं।

ए] गोफर, फिडो।

बी] स्कैनर, सर्च इंजन।

सी] <u>सर्चइंजन, इंडेक्स।</u>

डी ब्राउज़र्स, लार्कर्स।

प्रश्न 4. एक। इंटरनेट पर सूचना और संदेश कैसे भेजे जाते हैं, इसके लिए .... नियमों का एक समूह है।

ए] प्रोटोकॉल।

बी] आईएसपी।

सी] एप्लेट।

डी] एचटीएमएल हाइपर टेक्स्ट मार्कअप लैंग्वेज।

प्रश्न 5. विशिष्ट विषय के बारे में इंटरनेट पर चर्चा के रूप में जाना जाता है

एक ख़बर।

बी] समाचारसमूह।

सी] वेरोनिका।

डी] टेलनेट।

प्रश्न 6. निम्न में से कौन सा प्रोटोकॉल का एक प्रकार नहीं है?

ए] टीसीआई/आईपी

बी] ASCII

सी] इनमें से कोई नहीं।

डी] पीपीपी

प्रश्न 7. निम्न में से कौन सा प्रोटोकॉल का एक प्रकार है?

ए] ASCII

बी] राम

सी] टीसीआई/आईपी

डी] डीबीए

प्रश्न 8. ई-मेल संदेश के तीन भाग हैं:

ए] टीसीपी/आईपी, डोमेन और आईएसपी।

बी] गंतव्य, डिवाइस और प्रेषक।

सी] हैडर, संदेशऔरहस्ताक्षर।

डी] टीसीपी, आईपी और संदेश।

प्र.9. पूरी दुनिया में कई कंप्यूटरों को जोड़ने वाला नेटवर्क है?

ए] इंट्रानेट।

बी] इंटरनेट।

सी] अर्पानेट।

डी] नेटवर्क।

प्र.10. निम्न में से कौन एक ब्राउज़र है।

एक वेबसाइट।

बी] माइक्रोसॉफ्ट।

सी] इंटरनेटएक्सप्लोरर।

डी] www.

प्रश्न 11. DNS शब्द का अर्थ है।

ए] डेटा नामकरण प्रणाली।

बी] डू नेम सिस्टम।

सी] डोमेननामप्रणाली।

डी] डुप्लीकेट नाम प्रणाली।

प्रश्न 12. प्रत्येक उपयोगकर्ता के लिए इंटरनेट ई-मेल पता .... है।

ए] अद्वितीय।

बी] वही।

सी] आम।

डी] इनमें से कोई नहीं।

प्रश्न 13. किसी भी वेबसाइट को नेविगेट करने के लिए, उपयोगकर्ता को दर्ज करना होगा

ए] यूआरएल।

बी] www.

सी] पीपीपी।

डी] इनमें से कोई नहीं।

प्रश्न 14. ई-कॉमर्स का फुल फॉर्म क्या है?

ए] अंग्रेजी वाणिज्य।

बी] इलेक्ट्रॉनिकवाणिज्य।

सी] इलेक्ट्रिक कॉमर्स।

डी] तत्व वाणिज्य।

प्र.15. किसी ऐसे व्यक्ति को ई-मेल भेजने के लिए जिसकी आपको आवश्यकता है ....

ए] निवासी पता।

बी] इंटरनेटकनेक्टिविटी।

सी] फैक्स पता।

डी] इनमें से कोई नहीं।

प्रश्न 16. वेब पेज देखने के लिए .... का उपयोग किया जाता है।

ए] इनबॉक्स।

बी] रीसायकल बिन।

सी] इंटरनेटएक्सप्लोरर।

डी] नेटवर्क पड़ोस।

प्रश्न 17. यूआरएल का फुल फॉर्म

ए] यूनिवर्सल रिसोर्स लोकेटर।

बी] यूनिफ़ॉर्मरिसोर्सलोकेटर।

सी] यूनी रिसोर्स लोकेटर।

डी] इनमें से कोई नहीं।

प्रश्न 18. मोडेम सीडी से डेटा को हार्ड डिस्क में बदलता है।

सत्य।

बी] झूठा।

प्र.19. निम्न में से कौन एक सर्च इंजन है।

ए] गूगल।

बी] अल्टा विस्टा।

सी] याहू।

डी] येसभी।

प्र.20. ई-कॉमर्स से क्या तात्पर्य है?

ए] ऑनलाइनबिक्री, खरीद, खाताप्रबंधनआदि।

बी] विषय वाणिज्य धारा।

सी] वाणिज्यिक समस्या से निपटने के लिए इलेक्ट्रॉनिक उपकरण।

D। उपरोक्त सभी।

प्रश्न 21. . एक्सटेंशन .gov, .edu, .mil, और .net कहलाते हैं।

ए] डीएनएस।

बी] ई-मेल लक्ष्य।

सी] डोमेनकोड।

डी] पते पर मेल करें।

प्रश्न 22. वेब स्पाइडर और क्रॉलर इसके उदाहरण हैं

ए] ब्राउज़र।

बी] खोजइंजन।

सी] एचटीएमएल प्रोग्राम।

डी] लपटें।

प्रश्न 23. एक यूआरएल क्या है?

ए] वर्ल्ड वाइड वेब को क्रूज करने के लिए इस्तेमाल किया जाने वाला एक सॉफ्टवेयर पैकेज..

बी] वर्ल्डवाइडवेबपरएकसंसाधनकापता।

सी] एक आंतरिक विज़ार्ड का वर्णन करने के लिए इस्तेमाल की जाने वाली शर्तें।

डी] एक लाइव चैट प्रोग्राम [असीमित वास्तविक समय भाषा।

प्रश्न 24. संक्षिप्त नाम "www|" के लिए खड़ा है।

ए] <u>वर्ल्डवाइडवेब।</u>

बी] वाइड वाइड वेब।

सी] विश्व चौड़ाई वेब।

डी] वेब के साथ दुनिया।

प्र.25. वेबसाइट जो उपयोगकर्ता को कीवर्ड पर डेटा खोजने की अनुमति देती है वह है:

ए] चैट इंजन।

बी] राउटर।

सी] वेब सर्वर।

डी] <u>खोजइंजन।</u>

प्रश्न 26. निम्नलिखित में से कौन सा वेब सर्च इंजन दुनिया भर में उपयोग किया जाता है?

ए] डोमेन।

बी] <u>गूगल।</u>

सी] टॉगल करें।

डी] इनमें से कोई नहीं।

प्रश्न 27. जब आप किसी विषय को खोजने के लिए a(n) .... का उपयोग करते हैं, तो आपके द्वारा खोजी जाने वाली जानकारी को संरचना जैसे डेटाबेस में व्यवस्थित किया जाता है।

ए] <u>सर्चइंजन</u>।

बी] सूचकांक।

सी] मकड़ी।

डी] एप्लेट।

प्रश्न 28. निम्नलिखित में से कौन सा सिस्टम इलेक्ट्रॉनिक पत्र या संदेश व्यक्तियों या कंप्यूटरों के बीच भेजा जाता है।

ए] <u>ई-मेल।</u>

बी] ऑनलाइन सेवा।

सी] संसाधन साझा करें।

डी] वॉयस मेल मैसेजिंग।

प्रश्न 29. पसंदीदा सूची में वर्तमान वेब जोड़ने के लिए।

ए] <u>"पसंदीदा - पसंदीदामेंजोड़ें" परक्लिककरें।</u>

बी] "जोड़ें - पसंदीदा" पर क्लिक करें।

सी] "फ़ाइल - पसंदीदा" पर क्लिक करें।

डी] ये सभी।

प्रश्न 30. वेब के चारों ओर एक साइट से दूसरी साइट पर जाने को .... के रूप में जाना जाता है।

ए] लिंकिंग।

बी] नेविगेटकरना।

सी] होपिंग।

डी] पेजिंग।

प्रश्न 31. एक प्रोटोकॉल दो या दो से अधिक कंप्यूटरों के बीच सूचना प्रसारित करने के नियमों को परिभाषित करता है।

ए] सच।

बी] झूठा।

प्रश्न 32. इंटरनेट पर भेजी जाने वाली सूचनाओं को छोटे-छोटे टुकड़ों में बाँटा जाता है जिन्हें कहा जाता है।

ए] पैकेट।

बी] पीपीपी।

सी] ई-मेल फॉर्म।

डी] संदेश।

प्रश्न 33। PPP और SLIP जैसे प्रोटोकॉल के लिए उपयोग किया जाता है।

ए] डेटाट्रांसफर।

बी] डायलअप इंटरनेट कनेक्शन।

सी] डोमेन पंजीकरण।

डी] इनमें से कोई नहीं।

प्रश्न 34. .com .... प्रकार के संगठन की वेबसाइटों को इंगित करता है।

ए] वाणिज्यिक।

बी कॉम्पलेक्स।

सी] कंपनी।

डी] कार्गो।

प्रश्न 35. इंटरनेट पर किसी अन्य व्यक्ति के मेलबॉक्स में संदेश भेजना है

ए] ई-बिजनेस।

बी] ई-पत्र।

सी] ई-मेल।

डी] साइबर माली।

1. एक अनियंत्रित बिजली आपूर्ति में, यदि लोड करंट बढ़ता है, तो आउटपुट वोल्टेज ....

वैसा ही रहता है

कम हो जाती है

बढ़ती है

इनमे से कोई भी नहीं

उत्तर: 2

2. एक अनियंत्रित बिजली आपूर्ति में, यदि इनपुट एसी वोल्टेज बढ़ता है, तो आउटपुट वोल्टेज ......।

बढ़ती है

कम हो जाती है

वैसा ही रहता है

इनमे से कोई भी नहीं

उत्तर: 1

3. एक बिजली की आपूर्ति जिसमें .... का वोल्टेज विनियमन होता है, वह अनियमित शक्ति होती है

आपूर्ति

0%

5%

10%

8%

उत्तर : 3

4. वाणिज्यिक बिजली आपूर्ति में वोल्टेज विनियमन होता है ....।

10% का

15% का

25% का

1% के भीतर

उत्तर: 4

5. एक आदर्श विनियमित विद्युत आपूर्ति वह होती है जिसका वोल्टेज विनियमन ....

0%

5%

10%

1%

उत्तर: 1

6. एक जेनर डायोड वोल्टेज नियमन के लिए .... विशेषता का उपयोग करता है

आगे

उल्टा

आगे और पीछे दोनों

इनमे से कोई भी नहीं

उत्तर: 2

7. जेनर डायोड का उपयोग .... के रूप में किया जा सकता है

सी। केवल वोल्टेज नियामक

सी। केवल वोल्टेज नियामक

दोनों डीसी और एसी वोल्टेज नियामक

इनमे से कोई भी नहीं

उत्तर : 3

8. जेनर डायोड का उपयोग .... वोल्टेज रेगुलेटिंग डिवाइस के रूप में किया जाता है

अलग धकेलना

श्रृंखला

सीरीज-शंट

इनमे से कोई भी नहीं

उत्तर: 1

9. जैसे-जैसे जंक्शन का तापमान बढ़ता है, जेनर के लिए वोल्टेज ब्रेकडाउन पॉइंट तंत्र ....

बढ़ जाती है

घटा है

वैसा ही रहता है

इनमे से कोई भी नहीं

उत्तर: 2

10. सहसंयोजी बंधों का टूटना तब होगा जब विद्युत क्षेत्र ....

100 वी/सेमी

6 वी/सेमी

1000 वी / सेमी

105 वी/सेमी . से अधिक

उत्तर: 4

11. 15 वी जेनर डायोड में, ब्रेकडाउन मैकेनिज्म .... द्वारा होगा।

हिमस्खलन तंत्र

जेनर तंत्र

जेनर और हिमस्खलन तंत्र दोनों

इनमे से कोई भी नहीं

उत्तर: 1

12. एक जेनर डायोड जिसमें बहुत संकीर्ण अवक्षयण परत होती है, ... से टूट जाएगी तंत्र

हिमस्खलन

जेनर

हिमस्खलन और जेनर दोनों

इनमे से कोई भी नहीं

उत्तर: 2

13. जैसे-जैसे जंक्शन का तापमान बढ़ता है, वोल्टेज टूटने का बिंदु हिमस्खलन तंत्र ....

वैसा ही रहता है

कमी

बढ़ती है

इनमे से कोई भी नहीं

उत्तर : 3

14. जेनर डायोड का दूसरा नाम .... डायोड है

टूट - फूट

वोल्टेज

शक्ति

मौजूदा

उत्तर: 1

15. जेनर डायोड आमतौर पर .... के बने होते हैं।

जर्मेनियम

सिलिकॉन

कार्बन

इनमे से कोई भी नहीं

उत्तर: 2

16. वोल्टेज रेटिंग बढ़ाने के लिए जेनर्स को .... में जोड़ा जाता है।

समानांतर

श्रृंखला समानांतर

श्रृंखला

इनमे से कोई भी नहीं

उत्तर : 3

17. जेनर वोल्टेज रेगुलेटर में, लोड करंट में परिवर्तन से परिवर्तन होता है

में ....।

जेनर करंट

जेनर वोल्टेज

जेनर वोल्टेज के साथ-साथ जेनर करंट

इनमे से कोई भी नहीं

उत्तर: 1

18. जेनर वोल्टेज रेगुलेटर का उपयोग .... लोड धाराओं के लिए किया जाता है

उच्च

बहुत ऊँचा

संतुलित

छोटा

उत्तर: 4

19. जेनर वोल्टेज नियामक वोल्टेज नियामक के रूप में कार्य करना बंद कर देगा यदि जेनर

करंट हो जाता है ....

लोड करंट से कम

शून्य

लोड करंट से अधिक

इनमे से कोई भी नहीं

उत्तर: 2

20. यदि डोपिंग का स्तर बढ़ जाता है तो जेनर का ब्रेकडाउन वोल्टेज ....

वैसा ही रहता है

बढ़ जाती है

घटा है

इनमे से कोई भी नहीं

उत्तर : 3

21. एक 30 वी जेनर में रिक्तीकरण परत की चौड़ाई होगी ....। 10 वी जेनर का

इससे अधिक

से कम

के बराबर

इनमे से कोई भी नहीं

उत्तर: 1

22. जेनर डायोड में करंट .... तक सीमित होता है।

बाहरी प्रतिरोध

शक्ति का अपव्यय

दोनों (1) और (2)

इनमे से कोई भी नहीं

उत्तर : 3

23. जेनर करंट में 5 एमए परिवर्तन जेनर वोल्टेज में 50 एमए परिवर्तन पैदा करता है। जेनर प्रतिबाधा क्या है?

1 ओ

1 ओ

100 ओ

10 ओ

उत्तर: 4

24. एक निश्चित नियामक में 6 वी का नो-लोड वोल्टेज और 5.82 . का पूर्ण लोड आउटपुट होता है

V. लोड रेगुलेशन क्या है?

09%

87%

72%

इनमे से कोई भी नहीं

उत्तर: 1

25. जेनर डायोड में ब्रेकडाउन वोल्टेज के बारे में क्या सच है?

लोड करंट बढ़ने पर यह घटता है

यह डायोड को नष्ट कर देता है

यह वर्तमान समय के प्रतिरोध के बराबर है

यह लगभग स्थिर है

उत्तर: 4

26. जेनर डायोड के लिए इनमें से कौन सा विवरण सबसे अच्छा है?

यह एक डायोड है

यह एक निरंतर चालू डिवाइस है

यह एक स्थिर-वोल्टेज डिवाइस है

यह आगे के क्षेत्र में काम करता है

उत्तर : 3

27. एक जेनर डायोड ....

बैटरी है

ब्रेकडाउन क्षेत्र में बैटरी की तरह काम करता है

1 वी . की बाधा क्षमता है

आगे पक्षपाती है

उत्तर: 2

28. जब जेनर डायोड .... होता है तो लोड वोल्टेज लगभग स्थिर होता है।

आगे झुका

निष्पक्ष

विपरीत पक्षपात

ब्रेकडाउन क्षेत्र में संचालन

उत्तर: 4

29. लोडेड जेनर रेगुलेटर में, सबसे बड़ा जेनर करंट कौन सा है?

श्रृंखला वर्तमान

जेनर करंट

भार बिजली

इनमे से कोई भी नहीं

उत्तर: 1

30. यदि जेनर रेगुलेटर में लोड रेजिस्टेंस कम हो जाता है, तो जेनर वर्तमान ....।

कम हो जाती है

एक ही रहता है

बढ़ती है

इनमे से कोई भी नहीं

उत्तर: 1

31. यदि इनपुट एसी वोल्टेज को विनियमित या साधारण बिजली आपूर्ति में 5% की वृद्धि होती है

डीसी आउटपुट वोल्टेज में अनुमानित परिवर्तन क्या होगा?

10%

20%

15%

5%

उत्तर: 4

32. यदि अनियंत्रित बिजली आपूर्ति द्वारा खींचा गया लोड करंट बढ़ता है, तो dc आउटपुट वोल्टेज ....

बढ़ती है

कम हो जाती है

एक ही रहता है

इनमे से कोई भी नहीं

उत्तर: 2

33. यदि अनियमित विद्युत आपूर्ति द्वारा खींचा गया लोड करंट बढ़ता है, तो dc आउटपुट वोल्टेज ....

बढ़ती है

कम हो जाती है

एक ही रहता है

इनमे से कोई भी नहीं

उत्तर: 2

34. बिजली की आपूर्ति में 1% का वोल्टेज विनियमन होता है। यदि नो-लोड वोल्टेज 20 V है,

फुल-लोड वोल्टेज क्या है?

8 वी

7 वी

6 वी

2 वी

उत्तर: 1

35. दो समान 15 वी जेनर्स श्रृंखला में जुड़े हुए हैं। विनियमित आउटपुट क्या है वोल्टेज?

15 वी

5 वी

30 वी

45 वी

उत्तर : 3

36. एक बिजली आपूर्ति पूर्ण लोड पर 0.5 ए की अधिकतम रेटेड वर्तमान प्रदान कर सकती है

20 वी का आउटपुट वोल्टेज। न्यूनतम लोड प्रतिरोध क्या है जो आप कर सकते हैं आपूर्ति भर में कनेक्ट करें?

10 ओ

20 ओ

15 ओ

40 ओ

उत्तर: 4

37. एक विनियमित बिजली आपूर्ति में, दो समान 15 वी जेनर श्रृंखला में जुड़े हुए हैं। इनपुट वोल्टेज 45 वी डीसी है यदि प्रत्येक जेनर की अधिकतम वर्तमान रेटिंग 300 . है

mA, श्रेणी प्रतिरोध का मान क्या होना चाहिए?
10 ओ
50 ओ
25 ओ
40 ओ
उत्तर: 2
38. बिजली आपूर्ति में एक जेनर रेगुलेटर ....
तरंग को बढ़ाता है
तरंग को कम करता है
लहर न बढती है न घटती है
डेटा अपर्याप्त
उत्तर: 2
39. जब लोड करंट शून्य होता है, जेनर करंट .... होगा
शून्य
न्यूनतम
ज्यादा से ज्यादा
इनमे से कोई भी नहीं
उत्तर : 3
40. जेनर करंट न्यूनतम होगा जब ....
लोड करंट अधिकतम है
लोड करंट न्यूनतम है
लोड करंट शून्य है
इनमे से कोई भी नहीं
उत्तर: 1
1. एक ट्रांजिस्टर में ....
ए] एक पीएन जंक्शन
बी] दोपीएनजंक्शन
सी] तीन पीएन जंक्शन
डी] चार पीएन जंक्शन
2. एक ट्रांजिस्टर में रिक्तीकरण परतों की संख्या ....
ए] चार
बी] तीन
सी] एक
डी] दो

3. ट्रांजिस्टर का आधार .... डोपेड होता है

ए] भारी

बी] मध्यम

सी] हल्केसे

डी] उपरोक्त में से कोई नहीं

4. ट्रांजिस्टर में सबसे बड़ा आकार वाला तत्व ....

ए] कलेक्टर

बी] आधार

सी] उत्सर्जक

डी] कलेक्टर-बेस-जंक्शन

5. एक pnp ट्रांजिस्टर में, करंट कैरियर्स .... होते हैं।

ए] स्वीकर्ता आयन

बी] दाता आयन

सी] मुक्त इलेक्ट्रॉन

डी] छेद

6. ट्रांजिस्टर का संग्राहक .... डाल दिया गया

ए] भारी

बी] मध्यम

सी] हल्के से

डी] उपरोक्त में से कोई नहीं

7. ट्रांजिस्टर एक .... संचालित उपकरण है

ए] वर्तमान

बी] वोल्टेज

सी] वोल्टेज और करंट दोनों

डी] उपरोक्त में से कोई नहीं

8. एनपीएन ट्रांजिस्टर में .... अल्पसंख्यक वाहक हैं

ए] मुक्त इलेक्ट्रॉन

बी] छेद

सी] दाता आयन

डी] स्वीकर्ता आयन

9. एक ट्रांजिस्टर का उत्सर्जक .... डोपेड होता है

ए] हल्के से

बी] भारी

सी] मध्यम

डी] उपरोक्त में से कोई नहीं

10. एक ट्रांजिस्टर में, बेस करंट उत्सर्जक धारा का लगभग .... होता है

ए] 25%

बी] 20%

सी] 35%

डी] <u>5%</u>

11. एक ट्रांजिस्टर के बेस-एमिटर जंक्शनों पर, कोई .... पाता है

ए] एक रिवर्स पूर्वाग्रह

बी] एक विस्तृत कमी परत

सी] <u>कमप्रतिरोध</u>

डी] उपरोक्त में से कोई नहीं

12. एक ट्रांजिस्टर का इनपुट प्रतिबाधा ....

ऊंचा

बी] <u>कम</u>

सी] बहुत ऊंचा

डी] लगभग शून्य

13. अधिकांश बहुसंख्यक वाहक उत्सर्जक से ....

ए] आधार में पुनर्संयोजन

बी] उत्सर्जक में पुनर्संयोजन

सी] <u>आधारक्षेत्रसेकलेक्टरकेपासजाएं</u>

डी] उपरोक्त में से कोई नहीं

14. वर्तमान आईबी .... है

ए] <u>इलेक्ट्रॉनवर्तमान</u>

बी] होल करंट

सी] दाता आयन वर्तमान

डी] स्वीकर्ता आयन करंट

15. एक ट्रांजिस्टर में ....

ए] आईसी = आईई + आईबी

बी] आईबी = आईसी + आईई

सी] आईई = आईसी - आईबी

डी] <u>आईई = आईसी + आईबी</u>

16. एक ट्रांजिस्टर का मान .... है।

ए] 1 . से अधिक

बी] <u>1 . सेकम</u>

सी] 1

डी] उपरोक्त में से कोई नहीं

17. आईसी = एआईई + ...।

ए] आईबी

बी] आईसीईओ

सी] आईसीबीओ

डी] आईबी

18. एक ट्रांजिस्टर का आउटपुट प्रतिबाधा .... है।

ए] उच्च

बी] शून्य

सी] कम

डी] बहुत कम

19. एक टैन्सिस्टर में, IC = 100 mA और IE = 100.2 mA। का मान ....

ए] 100

बी] 50

सी] लगभग 1

डी] 200

20. एक ट्रांजिस्टर में यदि = 100 और संग्राहक धारा 10 mA है, तो IE है ....

ए] 100 एमए

बी] 100.1 एमए

सी] 110 एमए

डी] उपरोक्त में से कोई नहीं

21. और a के बीच संबंध ....

ए] = 1 / (1 - ए)

बी] = (1 - ए) / ए

सी] = ए / (1 - ए)

डी] = ए / (1 + ए)

22. एक ट्रांजिस्टर के लिए का मान सामान्यतः .... होता है।

ए] 1 से कम 1

बी] 20 और 500 . के बीच

सी] 500 . सेऊपर

23. सबसे अधिक इस्तेमाल की जाने वाली ट्रांजिस्टर व्यवस्था .... व्यवस्था है

ए] आमउत्सर्जक

बी] आम आधार
सी] आम कलेक्टर
डी] उपरोक्त में से कोई नहीं
24. .... व्यवस्था में जुड़े ट्रांजिस्टर का इनपुट प्रतिबाधा उच्चतम है
ए] आम उत्सर्जक
बी] आमकलेक्टर
सी] आम आधार
डी] उपरोक्त में से कोई नहीं
25. .... में जुड़े ट्रांजिस्टर का आउटपुट प्रतिबाधा।
ए] व्यवस्था उच्चतम है
बी] आम उत्सर्जक
सी] आमकलेक्टर
डी] आम आधार
इनमे से कोई भी नहीं
26. इनपुट और आउटपुट वोल्टेज के बीच चरण अंतर a
सामान्य आधार व्यवस्था ....
ए] 180o
बी] 90o
सी] 270o
डी] 0o
27. .... में जुड़े ट्रांजिस्टर में शक्ति लाभ। व्यवस्था सर्वोच्च है
ए] आमउत्सर्जक
बी] आम आधार
सी] आम कलेक्टर
डी] उपरोक्त में से कोई नहीं
28. a . के इनपुट और आउटपुट वोल्टेज के बीच चरण अंतर
उभयनिष्ठ उत्सर्जक व्यवस्था में जुड़ा ट्रांजिस्टर ....
ए] 0o
बी] 180o
सी] 90o
डी] 270o
29. .... में जुड़े ट्रांजिस्टर में वोल्टेज लाभ। व्यवस्था सर्वोच्च है
ए] आम आधार
बी] आम कलेक्टर

सी] <u>आमउत्सर्जक</u>

डी] उपरोक्त में से कोई नहीं

30. जैसे ही ट्रांजिस्टर का तापमान बढ़ता है, बेस-एमिटर प्रतिरोध ....

ए] <u>घटताहै</u>

बी] बढ़ता है

सी] वही रहता है

डी] उपरोक्त में से कोई नहीं

31. आम संग्राहक में जुड़े ट्रांजिस्टर का वोल्टेज लाभ

ए] व्यवस्था है ....

बी] 1 . के बराबर

सी] 10 . से अधिक

डी] <u>100 सेअधिक 1 सेकम</u>

32. सामान्य संग्राहक व्यवस्था में जुड़े ट्रांजिस्टर के इनपुट और आउटपुट वोल्टेज के बीच चरण अंतर .... है

ए] 180o

बी] <u>0o</u>

सी] 90o

डी] 270o

33. आईसी = आईबी + ...

ए] आईसीबीओ

बी] आईसी

सी] <u>आईसीईओ</u>

डी] एआईई

34. आईसी = [ए / (1 - ए)] आईबी + ...।

ए] <u>आईसीईओ</u>

बी] आईसीबीओ

सी] आईसी

डी] (1 - ए) आईबी

35. आईसी = [ए / (1 - ए)] आईबी + [........ / (1 - ए)]

ए] <u>आईसीबीओ</u>

बी] आईसीईओ

सी] आईसी

मरना

36. ईसा पूर्व 147 ट्रांजिस्टर इंगित करता है कि यह .... का बना है।

ए] जर्मेनियम
बी] सिलिकॉन
सी] कार्बन
डी] उपरोक्त में से कोई नहीं
37. ICEO = (.........) ICBO
ए] ß1
बी] + ए
सी] 1 +
डी] उपरोक्त में से कोई नहीं
38. सीबी मोड में एक ट्रांजिस्टर जुड़ा हुआ है। यदि यह समान बायस वोल्टेज के साथ CE मोड में कनेक्ट नहीं है, तो IE, IB और IC के मान .... होंगे।
ए] वहीरहें
बी] वृद्धि
सी] कमी
डी] उपरोक्त में से कोई नहीं
39. यदि a का मान 0.9 है, तो का मान ....
ए] 9
बी] 0.9
सी] 900
डी] 90
40. एक ट्रांजिस्टर में, सिग्नल को .... सर्किट से स्थानांतरित किया जाता है
ए] कम प्रतिरोध के लिए उच्च प्रतिरोध
बी] उच्चप्रतिरोधकेलिएकमप्रतिरोध
सी] उच्च प्रतिरोध के लिए उच्च प्रतिरोध
डी] कम प्रतिरोध के लिए कम प्रतिरोध
41. एक ट्रांजिस्टर के प्रतीक में तीर दिशा को इंगित करता है
का ....।
A] उत्सर्जक में इलेक्ट्रॉन धारा
B] संग्राहक में इलेक्ट्रॉन धारा
C] एमिटरमेंहोलकरंट
डी] दाता आयन वर्तमान
42. CE व्यवस्था में लीकेज करंट .... होता है। कि सीबी व्यवस्था में
ए] सेअधिक
बी] से कम

सी] के समान

डी] उपरोक्त में से कोई नहीं

43. एक ताप सिंक का प्रयोग आमतौर पर ट्रांजिस्टर के साथ .... के लिए किया जाता है।

ए] आगे की धारा बढ़ाएं

बी] आगे की धारा को कम करें

सी] अत्यधिक डोपिंग के लिए क्षतिपूर्ति

डी] अत्यधिकतापमानवृद्धिकोरोकें

44. a . के निर्माण में सबसे अधिक इस्तेमाल किया जाने वाला अर्धचालक

ट्रांजिस्टर ....

ए] जर्मेनियम

बी] सिलिकॉन

सी] कार्बन

डी] उपरोक्त में से कोई नहीं

45. ट्रांजिस्टर में कलेक्टर-बेस जंक्शन में .... होता है।

ए] हर समय आगे का पूर्वाग्रह

बी] हरसमयरिवर्सबायस

सी] कम प्रतिरोध

डी] उपरोक्त में से कोई नहीं

1. ट्रांजिस्टर बायसिंग .... का प्रतिनिधित्व करता है। स्थितियाँ

1. एसी

2. डीसी

3. दोनों एसी और डीसी

4. उपरोक्त में से कोई नहीं

उत्तर: 2

2. सर्किट में .... को रखने के लिए ट्रांजिस्टर बायसिंग किया जाता है

उचित प्रत्यक्ष धारा

उचित प्रत्यावर्ती धारा

बेस करंट छोटा

कलेक्टर वर्तमान छोटा

उत्तर: 1

3. ऑपरेटिंग पॉइंट .... का प्रतिनिधित्व करता है।

सिग्नल लागू होने पर IC और VCE का मान

संकेत का परिमाण

आईसी और वीसीई के शून्य संकेत मूल्य

इनमे से कोई भी नहीं

उत्तर : 3

ट्रांजिस्टर पूर्वाग्रह प्रश्न और उत्तर पीडीएफ

4. यदि एम्पलीफायर सर्किट में बायसिंग नहीं किया जाता है, तो इसका परिणाम ....

बेस करंट में कमी

बेवफा प्रवर्धन

अत्यधिक कलेक्टर पूर्वाग्रह

इनमे से कोई भी नहीं

उत्तर: 2

5. ट्रांजिस्टर बायसिंग आमतौर पर .... द्वारा प्रदान की जाती है।

बायसिंग सर्किट

पूर्वाग्रह बैटरी

डायोड

इनमे से कोई भी नहीं

उत्तर: 1

6. ट्रांजिस्टर सर्किट द्वारा विश्वसनीय प्रवर्धन के लिए, VBE . का मान

चाहिए ....। एक सिलिकॉन ट्रांजिस्टर के लिए

शून्य रहो

0.01 वी . बनें

0.7 वी . से नीचे नहीं गिरना

0 वी और 0.1 वी . के बीच हो

उत्तर : 3

7. ट्रांजिस्टर के समुचित संचालन के लिए उसके संग्राहक को चाहिए

पास होना ....

उचित आगे पूर्वाग्रह

उचित रिवर्स बायस

बहुत छोटा आकार

इनमे से कोई भी नहीं

उत्तर: 2

8. ट्रांजिस्टर सर्किट द्वारा विश्वसनीय प्रवर्धन के लिए, VCE का मान

चाहिए .... सिलिकॉन ट्रांजिस्टर के लिए

1 वी . से नीचे नहीं गिरना

शून्य रहो

0.2 वी . बनें

इनमे से कोई भी नहीं

उत्तर: 1

9. सर्किट जो ऑपरेटिंग पॉइंट का सबसे अच्छा स्थिरीकरण प्रदान करता है है ....

बेस रेसिस्टर बायस

कलेक्टर प्रतिक्रिया पूर्वाग्रह

संभावित विभक्त पूर्वाग्रह

इनमे से कोई भी नहीं

उत्तर : 3

10. डीसी और एसी लोड लाइनों का प्रतिच्छेदन बिंदु प्रतिनिधित्व करता है ....

ऑपरेटिंग बिंदु

वर्तमान लाभ

वोल्टेज बढ़ना

इनमे से कोई भी नहीं

उत्तर: 1

11. स्थिरता कारक का एक आदर्श मान .... है।

100

200

200 . से अधिक

1

उत्तर: 4

12. प्रारंभिक अवस्था में शून्य संकेत IC आम तौर पर .... mA होता है एक ट्रांजिस्टर एम्पलीफायर का

41

3

10 से अधिक

उत्तर: 2

13. यदि केवल सिग्नल के कारण अधिकतम संग्राहक धारा 3 mA है, तो जीरो सिग्नल कलेक्टर करंट कम से कम .... के बराबर होना चाहिए।

6 एमए

एमए

3 एमए

1 एमए

उत्तर : 3

14. ट्रांजिस्टर बायसिंग की बेस रेसिस्टर विधि का नुकसान है
बस यही है ....

यह जटिल है

. में परिवर्तन के प्रति संवेदनशील है

उच्च स्थिरता प्रदान करता है

इनमे से कोई भी नहीं

उत्तर: 2

15. बायसिंग सर्किट में 50 का स्थिरता कारक होता है। यदि के कारण होता है
तापमान परिवर्तन, ICBO 1 μA से बदलता है, फिर IC बदल जाएगा
द्वारा ....

100 μA

25 μA

20 μA

50 μA

उत्तर: 4

16. वोल्टेज विभक्त पूर्वाग्रह में अच्छे स्थिरीकरण के लिए, वर्तमान I1 प्रवाहित होता है
R1 और R2 के माध्यम से बराबर या उससे अधिक होना चाहिए

10 आईबी

3 आईबी

2 आईबी

4 आईबी

उत्तर: 1

17. एक सिलिकॉन ट्रांजिस्टर में लीकेज करंट लगभग .... है
जर्मेनियम ट्रांजिस्टर में लीकेज करंट

सौवां

एक दसवां

एक हजारवा

एक मिलियन

उत्तर : 3

18. संचालन बिंदु को .... भी कहा जाता है।

निर्दिष्ट बिंदु

मौन बिंदु

संतृप्ति बिन्दु
इनमे से कोई भी नहीं
उत्तर: 2

19. एक ट्रांजिस्टर सर्किट द्वारा उचित प्रवर्धन के लिए, ऑपरेटिंग बिंदु डीसी लोड लाइन के .... पर स्थित होना चाहिए
अंत बिंदु
मध्यम
अधिकतम वर्तमान बिंदु
इनमे से कोई भी नहीं
उत्तर: 2

20. एसी लोड लाइन पर ऑपरेटिंग पॉइंट ....
इसके अलावा लाइन
झूठ नहीं बोलता
झूठ बोल सकता है या नहीं
डेटा अपर्याप्त
उत्तर: 1

21. वोल्टेज विभक्त पूर्वाग्रह का नुकसान यह है कि इसमें ....
उच्च स्थिरता कारक
लो बेस करंट
कई प्रतिरोधक
इनमे से कोई भी नहीं
उत्तर : 3

22. थर्मल भगोड़ा तब होता है जब ....।
कलेक्टर उल्टा पक्षपाती है
ट्रांजिस्टर पक्षपाती नहीं है
एमिटर फॉरवर्ड बायस्ड है
जंक्शन समाई उच्च है
उत्तर: 2

23. ट्रांजिस्टर के उत्सर्जक परिपथ में प्रतिरोध का उद्देश्य एम्पलीफायर ....
अधिकतम उत्सर्जक धारा को सीमित करें
बेस-एमिटर पूर्वाग्रह प्रदान करें
उत्सर्जक धारा में परिवर्तन को सीमित करें
इनमे से कोई भी नहीं

उत्तर : 3

24. एक ट्रांजिस्टर एम्पलीफायर सर्किट में VCE = VCB + ...

वीबीई

2वीबीई

5 वीबीई

इनमे से कोई भी नहीं

उत्तर: 1

25. बेस रेसिस्टर विधि आमतौर पर .... में प्रयोग की जाती है

एम्पलीफायर सर्किट

स्विचिंग सर्किट

दिष्टकारी परिपथ

इनमे से कोई भी नहीं

उत्तर: 2

26. जर्मेनियम ट्रांजिस्टर एम्पलीफायर के लिए, VCE को .... for . चाहिए

वफादार प्रवर्धन

शून्य रहो

0.2 वी . बनें

0.7 वी . से नीचे नहीं गिरना

इनमे से कोई भी नहीं

उत्तर : 3

27. एक आधार प्रतिरोधक विधि में, यदि का मान 50 से बदल जाता है, तो कलेक्टर करंट एक कारक से बदल जाएगा ....

25

50

100

200

उत्तर: 2

28. कलेक्टर फीडबैक बायस सर्किट का स्थिरता कारक .... है।

आधार प्रतिरोधी पूर्वाग्रह की।

बराबर

इससे अधिक

से कम

इनमे से कोई भी नहीं

उत्तर : 3

29. एक बायसिंग सर्किट के डिजाइन में, कलेक्टर लोड RC का मान होता है

द्वारा निर्धारित ....
वीसीई विचार
वीबीई विचार
आईबी विचार
इनमे से कोई भी नहीं
उत्तर: 1
30. यदि संग्राहक धारा IC का मान बढ़ता है, तो का मान
वीसीई ....
वैसा ही रहता है
कम हो जाती है
बढ़ती है
इनमे से कोई भी नहीं
उत्तर: 2
31. यदि तापमान बढ़ता है, तो VCE का मान ....
वैसा ही रहता है
बढ़ जाती है
घटा है
इनमे से कोई भी नहीं
उत्तर : 3
32. संभावित विभक्त विधि में ऑपरेटिंग बिंदु का स्थिरीकरण है
द्वारा उपलब्ध कराया गया ....।
आरई विचार
आरसी विचार
वीसीसी विचार
इनमे से कोई भी नहीं
उत्तर 1
33. वीबीई का मूल्य ....।
IC से मध्यम सीमा तक निर्भर करता है
लगभग IC . से स्वतंत्र है
आईसी . पर अत्यधिक निर्भर है
इनमे से कोई भी नहीं
उत्तर: 2
34. जब तापमान बदलता है, तो ऑपरेटिंग बिंदु को स्थानांतरित कर दिया जाता है
प्रति ......।

आईसीबीओ में बदलाव

वीसीसी में बदलाव

सर्किट प्रतिरोध के मूल्यों में परिवर्तन

इनमे से कोई भी नहीं

उत्तर: 1

35. एक बेस रेसिस्टर बायस के लिए स्टेबिलिटी फैक्टर का मान ....

आरबी (ß+1)

(ß+1)आरसी

(ß+1)

1-ß

उत्तर : 3

36. एक विशेष बायसिंग परिपथ में, RE का मान लगभग ....

10 केओ

1 एमओ

100 केओ

800 ओ

उत्तर: 4

37. एक सिलिकॉन ट्रांजिस्टर बेस रेसिस्टर विधि के साथ पक्षपाती है। अगर =100, वीबीई = 0.7 वी, शून्य सिग्नल कलेक्टर वर्तमान आईसी = 1 एमए और वीसीसी = 6 वी,

बेस रेसिस्टर आरबी का मान क्या है?

105 केओ

530 kO

315 kO

इनमे से कोई भी नहीं

उत्तर: 2

38. वोल्टेज विभक्त पूर्वाग्रह में, वीसीसी = 25 वी; आर1 = 10 केओ; आर2 = 2.2 वी; आरसी =

3.6 वी और आरई = 1 केओ। एमिटर वोल्टेज क्या है?

7 वी

3 वी

वी 8

वी

उत्तर: 4

39. उपरोक्त प्रश्न (Q38.) में, कलेक्टर वोल्टेज क्या है?

3 वी

8 वी

6 वी

7 वी

उत्तर: 1

40. वोल्टेज विभक्त पूर्वाग्रह में, ऑपरेटिंग बिंदु 3 वी, 2 एमए है। अगर वीसीसी = 9 वी, RC = 2.2 kO, RE का मान क्या है?

2000 ओ

1400 ओ

800 ओ

1600 ओ

उत्तर : 3

1. एक ट्यून्ड एम्पलीफायर .... का उपयोग करता है। भार

ए] प्रतिरोधी

बी] कैपेसिटिव

सी] एलसीटैंक

डी] आगमनात्मक

2. एक ट्यून्ड एम्पलीफायर आमतौर पर .... में संचालित होता है। संचालन

ए] कक्षा ए

बी] कक्षासी

सी] कक्षा बी

डी] उपरोक्त में से कोई नहीं

3. ट्यून्ड एम्पलीफायर का उपयोग .... अनुप्रयोगों में किया जाता है

ए] रेडियोफ्रीक्वेंसी

बी] कम आवृत्ति

सी] ऑडियो आवृत्ति

डी] उपरोक्त में से कोई नहीं

4. .... kHz से ऊपर की आवृत्तियों को रेडियो फ्रीक्वेंसी कहा जाता है

ए] 21

बी] 0

सी] 50

डी] 200

6. एक ट्यून्ड एम्पलीफायर का वोल्टेज लाभ .... है। गुंजयमान आवृत्ति पर कम से कम

बी] <u>अधिकतम</u>

सी] अधिकतम और न्यूनतम के बीच आधा रास्ता

डी] शून्य

7. समानांतर अनुनाद पर, रेखा धारा .... है।

ए] <u>न्यूनतम</u>

बी] अधिकतम

सी] काफी बड़ा

डी] उपरोक्त में से कोई नहीं

8. श्रृंखला अनुनाद पर, सर्किट .... प्रतिबाधा प्रदान करता है

ए] शून्य

बी] अधिकतम

सी] <u>न्यूनतम</u>

डी] उपरोक्त में से कोई नहीं

9. एक गुंजयमान सर्किट में .... तत्व होते हैं

ए] आर और एल केवल

बी] आर और सी केवल

सी] केवल आर

डी] <u>एलऔरसी</u>

10. श्रृंखला या समानांतर अनुनाद पर, सर्किट .... लोड के रूप में व्यवहार करता है

ए] कैपेसिटिव

बी] <u>प्रतिरोधी</u>

सी] आगमनात्मक

डी] उपरोक्त में से कोई नहीं

11. श्रेणी अनुनाद पर, L के सिरों पर वोल्टेज .... है। सी भर में वोल्टेज

ए] <u>केबराबरलेकिनचरणमेंविपरीत</u>

बी] के बराबर लेकिन चरण में

सी] से बड़ा लेकिन चरण के साथ

डी] से कम लेकिन चरण के साथ

12. जब या तो L या C को बढ़ाया जाता है, LC परिपथ की गुंजयमान आवृत्ति ....

ए] वही रहता है

बी] बढ़ता है

सी] <u>घटताहै</u>

डी] अपर्याप्त डेटा

13. समानांतर अनुनाद पर, नेट रिएक्टिव कंपोनेंट सर्किट करंट ....

ए] कैपेसिटिव

बी] <u>शून्य</u>

सी] आगमनात्मक

डी] उपरोक्त में से कोई नहीं

14. समानांतर अनुनाद में, परिपथ प्रतिबाधा .... है।

ए] सी/एलआर

बी] आर / एलसी

सी] सीआर / एल

डी] <u>एल/सीआर</u>

15. एक समानांतर एलसी सर्किट में, यदि इनपुट सिग्नल की आवृत्ति गुंजयमान आवृत्ति से ऊपर बढ़ जाती है तो ....

ए] <u>एक्सएलबढ़ताहैऔरएक्ससीघटताहै</u>

B] XL घटता है और XC बढ़ता है

सी] एक्सएल और एक्ससी दोनों बढ़ते हैं

D] XL और XC दोनों घटते हैं

16. एक LC परिपथ का Q .... द्वारा दिया जाता है।

ए] 2pfr x आर

बी] आर / 2pfrL

सी] <u>2pfrL / आर</u>

डी] R2/2pfrL

17. यदि किसी LC परिपथ का Q बढ़ता है, तो बैंडविड्थ ....

ए] बढ़ता है

बी] <u>घटताहै</u>

सी] वही रहता है

डी] अपर्याप्त डेटा

18. श्रेणी अनुनाद पर, परिपथ धारा का शुद्ध प्रतिक्रियाशील घटक .... है।

ए] <u>शून्य</u>

बी] आगमनात्मक

सी] कैपेसिटिव

डी] उपरोक्त में से कोई नहीं

19. एल/सीआर के आयाम .... के हैं।

ए] फैराडो

बी] हेनरी

सी] ओहमो

डी] उपरोक्त में से कोई नहीं

20. यदि समानांतर एलसी सर्किट का एल/सी अनुपात बढ़ाया जाता है, तो सर्किट का क्यू ....

ए] कम हो गया है

बी] बढ़गयाहै

सी] वही रहता है

डी] उपरोक्त में से कोई नहीं

21. श्रेणी अनुनाद पर, अनुप्रयुक्त वोल्टेज और परिपथ के बीच का चरण कोण .... है।

ए] 90o

बी] 180o

सी] 0o

डी] उपरोक्त में से कोई नहीं

22. समानांतर अनुनाद पर, अनुपात एल/सी .... है।

ए] बहुतबड़ा

बी] शून्य

सी] छोटा

डी] उपरोक्त में से कोई नहीं

23. यदि किसी ट्यून किए गए परिपथ का प्रतिरोध बढ़ा दिया जाए, तो परिपथ का Q ....

ए] बढ़ा हुआ है

बी] कमहोगयाहै

सी] वही रहता है

डी] उपरोक्त में से कोई नहीं

24. एक ट्यूनेड सर्किट का क्यू .... की संपत्ति को संदर्भित करता है।

ए] संवेदनशीलता

बी] निष्ठा

सी] चयनात्मकता

डी] उपरोक्त में से कोई नहीं

25. समानांतर अनुनाद पर, लागू वोल्टेज और सर्किट वर्तमान के बीच चरण कोण .... है।

ए] 90o

बी] 180o

सी] 0o

डी] उपरोक्त में से कोई नहीं

26. एक समान्तर LC परिपथ में, यदि संकेत आवृत्ति को गुंजयमान आवृत्ति से कम कर दिया जाता है, तो ....

A] XL घटताहैऔर XC बढ़ताहै

B] XL बढ़ता है और XC घटता है

C] लाइन करंट न्यूनतम हो जाता है

डी] उपरोक्त में से कोई नहीं

27. श्रंखला अनुनाद में ....

ए] वोल्टेजप्रवर्धन

बी] वर्तमान प्रवर्धन

सी] वोल्टेज और वर्तमान प्रवर्धन दोनों

डी] उपरोक्त में से कोई नहीं

28. एक ट्यून्ड एम्पलीफायर का क्यू आम तौर पर .... है।

ए] 5 . से कम

बी] 10 . से कम

सी] 10 . सेअधिक

डी] उपरोक्त में से कोई नहीं

29. एक ट्यून्ड एम्पलीफायर का क्यू 50 है। यदि एम्पलीफायर के लिए गुंजयमान आवृत्ति 1000kHZ है, तो बैंडविड्थ .... है।

ए] 10kHz

बी] 40 किलोहर्ट्ज़

सी] 30 किलोहर्ट्ज़

डी] 20 किलोहर्ट्ज़

30. उपरोक्त प्रश्न में, कट-ऑफ आवृत्तियों के मान क्या हैं?

ए] 140 किलोहर्ट्ज़, 60 किलोहर्ट्ज़

बी] 1020 किलोहर्ट्ज़, 980 किलोहर्ट्ज़

सी] 1030 किलोहर्ट्ज़, 970 किलोहर्ट्ज़

डी] उपरोक्त में से कोई नहीं

31. गुंजयमान आवृत्ति के ऊपर आवृत्तियों के लिए, एक समानांतर एलसी सर्किट एक .... के रूप में व्यवहार करता है। भार

ए] कैपेसिटिव

बी] प्रतिरोधी

सी] आगमनात्मक

डी] उपरोक्त में से कोई नहीं

32. समानांतर अनुनाद में ....

ए] वोल्टेज और वर्तमान प्रवर्धन दोनों

बी] वोल्टेज प्रवर्धन

सी] वर्तमानप्रवर्धन

डी] उपरोक्त में से कोई नहीं

33. गुंजयमान आवृत्ति से कम आवृत्तियों के लिए, एक श्रृंखला एलसी सर्किट एक .... भार के रूप में व्यवहार करता है

ए] प्रतिरोधी

बी] कैपेसिटिव

सी] आगमनात्मक

डी] उपरोक्त में से कोई नहीं

34. यदि उच्च स्तर की चयनात्मकता वांछित है, तो डबल-ट्यून सर्किट में .... होना चाहिए। युग्मन

ए] ढीला

बी] तंग

सी] गंभीर

डी] उपरोक्त में से कोई नहीं

35. डबल ट्यूनेड सर्किट में, यदि दो ट्यून किए गए सर्किट के बीच पारस्परिक अधिष्ठापन कम हो जाता है, तो अनुनाद वक्र का स्तर ....

ए] वही रहता है

बी] उतारा है

सी] उठायाहै

डी] उपरोक्त में से कोई नहीं

36. गुंजयमान आवृत्ति के ऊपर आवृत्तियों के लिए, एक श्रृंखला एलसी सर्किट एक .... लोड के रूप में व्यवहार करता है

ए] प्रतिरोधी

बी] आगमनात्मक

सी] कैपेसिटिव

डी] उपरोक्त में से कोई नहीं

37. डबल ट्यून सर्किट का उपयोग .... में किया जाता है। एक रेडियो रिसीवर के चरण

ए] अगर

बी] ऑडियो

सी] आउटपुट

डी] उपरोक्त में से कोई नहीं

38. एक क्लास सी एम्पलीफायर हमेशा .... को चलाता है। भार

ए] एक शुद्ध प्रतिरोधी

बी] एक शुद्ध आगमनात्मक

सी] एक शुद्ध कैपेसिटिव

डी] एकगुंजयमानटैंक

39. ट्यून्ड क्लास सी एम्पलीफायरों का उपयोग .... के आरएफ सिग्नल के लिए किया जाता है।

ए] कम शक्ति

बी] उच्च शक्ति

सी] बहुत उच्च शक्ति

डी] उपरोक्तमेंसेकोईनहीं

40. गुंजयमान आवृत्ति के नीचे आवृत्तियों के लिए, एक समानांतर एलसी सर्किट .... भार के रूप में व्यवहार करता है

ए] आगमनात्मक

बी] प्रतिरोधी

सी] कैपेसिटिव

डी] उपरोक्त में से कोई नहीं

1. एक रेडियो रिसीवर में .... का प्रवर्धन होता है

ए] एक चरण

बी] दो चरण

सी] तीन चरण

डी] एकसेअधिकचरण

2. आरसी कपलिंग का उपयोग .... के लिए किया जाता है। विस्तारण

ए] वोल्टेज

बी] वर्तमान

सी] पावर

डी] उपरोक्त में से कोई नहीं

3. एक RC युग्मित एम्पलीफायर में, मध्य-आवृत्ति रेंज पर वोल्टेज लाभ ....।

ए] आवृत्ति के साथ अचानक परिवर्तन

बी] स्थिरहै

सी] आवृत्ति के साथ समान रूप से बदलता है

डी] उपरोक्त में से कोई नहीं

4. एक प्रवर्धक का आवृत्ति अनुक्रिया वक्र प्राप्त करने में ....

ए] एम्पलीफायर स्तर का आउटपुट स्थिर रखा जाता है

बी] एम्पलीफायर आवृत्ति स्थिर रखी जाती है

सी] जेनरेटर आवृत्ति स्थिर रहती है

डी] जेनरेटरआउटपुटस्तरस्थिररहताहै

5. आरसी कपलिंग स्कीम का एक फायदा यह है कि ....अच्छा प्रतिबाधा मिलान

ए] अर्थव्यवस्था

बी] उच्चदक्षता

सी] उपरोक्त में से कोई नहीं

6. सर्वोत्तम आवृत्ति प्रतिक्रिया .... की होती है। युग्मन

ए] आरसी

बी] ट्रांसफार्मर

सी] प्रत्यक्ष

डी] उपरोक्त में से कोई नहीं

7. ट्रान्सफार्मर कपलिंग का प्रयोग .... प्रवर्धन के लिए किया जाता है

ए] पावर

बी] वोल्टेज

सी] वर्तमान

डी] उपरोक्त में से कोई नहीं

8. RC कपलिंग स्कीम में, कपलिंग कैपेसिटर CC काफी बड़ा होना चाहिए ....

ए] चरणों के बीच डीसी पास करने के लिए

बी] कमआवृत्तियोंकोकमकरनेकेलिएनहीं

सी] उच्च शक्ति को नष्ट करने के लिए

डी] उपरोक्त में से कोई नहीं

9. RC कपलिंग में कपलिंग कैपेसिटर का मान लगभग .... होता है।

ए] 100 पीएफ

बी] 0.1 μF

सी] 0.01 μF

डी] 10 μF

11. जब एक मल्टीस्टेज एम्पलीफायर डीसी सिग्नल को बढ़ाना है, तो एक को .... कपलिंग का उपयोग करना चाहिए

ए] आरसी

बी] ट्रांसफार्मर

सी] <u>प्रत्यक्ष</u>

डी] उपरोक्त में से कोई नहीं

12. .... युग्मन अधिकतम वोल्टेज लाभ प्रदान करता है

ए] आरसी

बी] <u>ट्रांसफार्मर</u>

सी] प्रत्यक्ष

डी] प्रतिबाधा

13. व्यवहार में, वोल्टेज लाभ .... को व्यक्त किया जाता है

ए] <u>डीबी . में</u>

B] वोल्ट में

सी] एक संख्या के रूप में

डी] उपरोक्त में से कोई नहीं

14. ट्रांसफार्मर कपलिंग उच्च दक्षता प्रदान करता है क्योंकि ....

ए] कलेक्टर वोल्टेज बढ़ाया जाता है

बी] <u>प्रतिरोधकमहै</u>

सी] कलेक्टर वोल्टेज नीचे ले जाया जाता है

डी] उपरोक्त में से कोई नहीं

15. लोड प्रतिरोध होने पर ट्रांसफार्मर कपलिंग आमतौर पर नियोजित होती है ....

एक बड़ा

बी] बहुत बड़ा

सी] <u>छोटा</u>

डी] उपरोक्त में से कोई नहीं

16. यदि थ्री-स्टेज एम्पलीफायर का व्यक्तिगत चरण लाभ 10 डीबी, 5 डीबी और 12 डीबी है, तो डीबी में कुल लाभ .... है।

ए] 600 डीबी

बी] 24 डीबी

सी] 14 डीबी

डी] <u>27 डीबी</u>

17. मल्टीस्टेज एम्पलीफायर का अंतिम चरण .... का उपयोग करता है

ए] आरसी कपलिंग

बी] <u>ट्रांसफार्मरयुग्मन</u>

सी] प्रत्यक्ष युग्मन

डी] प्रतिबाधा युग्मन

18. कान .... के प्रति संवेदनशील नहीं है।

ए] आवृत्तिविरूपण

बी] आयाम विकृति

सी] आवृत्ति के साथ-साथ आयाम विकृति

डी] उपरोक्त में से कोई नहीं

19. RC कपलिंग का उपयोग अत्यंत कम आवृत्तियों को बढ़ाने के लिए नहीं किया जाता है क्योंकि ....

ए] काफी बिजली नुकसान होता है

B] आउटपुट में hum है

C] कपलिंगकैपेसिटरकाविद्युतआकारबहुतबड़ाहोजाताहै

डी] उपरोक्त में से कोई नहीं

20. ट्रांजिस्टर एम्पलीफायरों में, हम .... का उपयोग करते हैं। प्रतिबाधा मिलान के लिए ट्रांसफार्मर

ए] कदम बढ़ाएं

बी] नीचेकदम

सी] समान मोड़ अनुपात

डी] उपरोक्त में से कोई नहीं

21. निचली और ऊपरी कट ऑफ आवृत्तियों को .... आवृत्तियां भी कहा जाता है

ए] साइडबैंड

बी] गुंजयमान

सी] अर्ध-गुंजयमान

डी] अर्ध-शक्ति

22. सत्ता में 1,000,000 गुना लाभ .... द्वारा व्यक्त किया जाता है।

ए] 30 डीबी

बी] 60 डीबी

सी] 120 डीबी

डी] 600 डीबी

23. वोल्टेज में 1000 गुना का लाभ .... द्वारा व्यक्त किया जाता है।

ए] 60 डीबी

बी] 30 डीबी

सी] 120 डीबी

डी] 600 डीबी

24. 1 डीबी .... शक्ति स्तर में परिवर्तन से मेल खाती है

ए] 50%

बी] 35%

सी] <u>26%</u>

डी] 22%

25. 1 डीबी .... से मेल खाती है। वोल्टेज या वर्तमान स्तर में परिवर्तन

ए] <u>40%</u>

बी] 80%

सी] 20%

डी] 25%

26. ट्रांसफॉर्मर कपलिंग की आवृत्ति प्रतिक्रिया ....

एक अच्छा

बी] बहुत अच्छा

सी] उत्कृष्ट

डी] <u>गरीब</u>

27. एक मल्टीस्टेज एम्पलीफायर के प्रारंभिक चरणों में, हम .... का उपयोग करते हैं।

ए] <u>आरसीकपलिंग</u>

बी] ट्रांसफार्मर युग्मन

सी] प्रत्यक्ष युग्मन

डी] उपरोक्त में से कोई नहीं

28. एक मल्टीस्टेज एम्पलीफायर का कुल लाभ .... के कारण अलग-अलग चरणों के लाभ के उत्पाद से कम है।

ए] युग्मन डिवाइस में बिजली की कमी

बी] <u>अगलेचरणकालोडिंगप्रभाव</u>

C] कई ट्रांजिस्टर का उपयोग

डी] कई कैपेसिटर का उपयोग

29. एक एम्पलीफायर का लाभ db में व्यक्त किया जाता है क्योंकि ....

ए] यह एक साधारण इकाई है

बी] गणना आसान हो जाती है

सी] <u>मानवकानप्रतिक्रियालॉगरिदमिकहै</u>

डी] उपरोक्त में से कोई नहीं

30. यदि एक एम्पलीफायर का शक्ति स्तर आधा हो जाता है, तो डीबी लाभ ...... से गिर जाएगा।

ए] 5 डीबी

बी] 2 डीबी

सी] 10 डीबी

डी] 3 डीबी

31. 2000 का वर्तमान प्रवर्धन .... का लाभ है।

ए] 3 डीबी

बी] 66 डीबी

सी] 20 डीबी

डी] 200 डीबी

32. एक एम्पलीफायर 0.1 W इनपुट सिग्नल प्राप्त करता है और 15 W सिग्नल पावर देता है। डीबी में पावर गेन क्या है?

ए] 8 डीबी

बी] 6 डीबी

सी] 5 डीबी

डी] 4 डीबी

33. एक ऑडियो सिस्टम का पावर आउटपुट 18 W है। एक व्यक्ति को सिस्टम के आउटपुट (जोर या ध्वनि की तीव्रता) में वृद्धि को नोटिस करने के लिए, आउटपुट पावर को कितना बढ़ाया जाना चाहिए?

ए] 2 डब्ल्यू

बी] 6 डब्ल्यू

सी] 68 डब्ल्यू

डी] उपरोक्त में से कोई नहीं

34. एक माइक्रोफोन का आउटपुट -52 डीबी पर रेट किया गया है। निर्दिष्ट शर्तों के तहत संदर्भ स्तर 1V है। समान ध्वनि स्थितियों में इस माइक्रोफ़ोन का आउटपुट वोल्टेज क्या है?

ए] 5 एमवी

बी] 2 एमवी

सी] 8 एमवी

डी] 5 एमवी

35. आरसी कपलिंग आम तौर पर .... के कारण कम बिजली के अनुप्रयोगों तक ही सीमित है।

ए] युग्मन संधारित्र का बड़ा मूल्य

बी] कमदक्षता

सी] बड़ी संख्या में घटक

डी] उपरोक्त में से कोई नहीं

36. सीधे युग्मित किए जा सकने वाले चरणों की संख्या सीमित है क्योंकि ....

ए] तापमानमेंपरिवर्तनथर्मलअस्थिरताकाकारणबनताहै

बी] सर्किट भारी और महंगा हो जाता है

C] सर्किट को बायस करना मुश्किल हो जाता है

डी] उपरोक्त में से कोई नहीं

37. RC या ट्रांसफॉर्मर कपलिंग का उद्देश्य ....

ए] ब्लॉक एसी

बी] एकचरणकेपूर्वाग्रहकोदूसरेसेअलगकरें

सी] थर्मल स्थिरता बढ़ाएं

डी] उपरोक्त में से कोई नहीं

38. ऊपरी या निचली कट ऑफ आवृत्ति को ....आवृत्ति भी कहा जाता है

ए] गुंजयमान

बी] साइडबैंड

सी] 3 डीबी

डी] उपरोक्त में से कोई नहीं

39. सिंगल स्टेज एम्पलीफायर की बैंडविड्थ .... है। एक मल्टीस्टेज एम्पलीफायर का

ए] सेअधिक

बी] वही

सी] से कम

डी] डेटा अपर्याप्त

40. एक मल्टीस्टेज एम्पलीफायर में एमिटर कैपेसिटर सीई का मान लगभग .... है।

ए] 1 μF

बी] 100 पीएफ

सी] 0.01 μF

डी] 50 μF

1. एक थरथरानवाला .... को परिवर्तित करता है

सी। डीसी पावर में पावर

सी। एसी पावर में पावर

एसी पावर में यांत्रिक शक्ति

इनमे से कोई भी नहीं

उत्तर : 2

2. एक LC ट्रांजिस्टर ऑसिलेटर में, एक्टिव डिवाइस ....

एलसी टैंक सर्किट

बायसिंग सर्किट

ट्रांजिस्टर

इनमे से कोई भी नहीं

उत्तर : 3

3. एक एलसी सर्किट में, जब कैपेसिटर अधिकतम होता है, तो प्रारंभ करनेवाला ऊर्जा .... है।

न्यूनतम

ज्यादा से ज्यादा

अधिकतम और न्यूनतम के बीच आधा रास्ता

इनमे से कोई भी नहीं

उत्तर 1

4. एक LC थरथरानवाला में, थरथरानवाला की आवृत्ति .... है। एल या सी.

के वर्ग के समानुपाती

सीधे आनुपातिक

के मूल्यों से स्वतंत्र

के वर्गमूल के व्युत्क्रमानुपाती

उत्तर - 4

5. एक थरथरानवाला .... का उत्पादन करता है। दोलनों

अवमन्दित

अन्देंप्त

संग्राहक

इनमे से कोई भी नहीं

उत्तर : 2

6. एक थरथरानवाला .... प्रतिक्रिया को नियोजित करता है

सकारात्मक

नकारात्मक

न सकारात्मक न नकारात्मक

डेटा अपर्याप्त

उत्तर 1

7. एक एलसी ऑसिलेटर का उपयोग .... आवृत्तियों का उत्पादन करने के लिए नहीं किया जा सकता है

उच्च

ऑडियो

बहुत कम

बहुत ऊँचा

उत्तर : 3

8. हार्टले थरथरानवाला आमतौर पर .... में प्रयोग किया जाता है
रेडियो रिसीवर
रेडियो ट्रांसमीटर
टीवी रिसीवर
इनमे से कोई भी नहीं
उत्तर 1
9. एक फेज शिफ्ट ऑसिलेटर में, हम .... का उपयोग करते हैं। आरसी अनुभाग
दो
तीन
चार
इनमे से कोई भी नहीं
उत्तर : 2
10. एक फेज शिफ्ट ऑसिलेटर में, आवृत्ति निर्धारित करने वाले तत्व ....
एल और सी
आर, एल और सी
आर और सी
इनमे से कोई भी नहीं
उत्तर : 3
11. एक वियन ब्रिज थरथरानवाला .... का उपयोग करता है। प्रतिक्रिया
केवल सकारात्मक
केवल नकारात्मक
सकारात्मक और नकारात्मक दोनों
इनमे से कोई भी नहीं
उत्तर : 3
12. क्रिस्टल में पीजोइलेक्ट्रिक प्रभाव ....
यांत्रिक तनाव के कारण एक वोल्टेज विकसित हुआ
तापमान के कारण प्रतिरोध में परिवर्तन
तापमान के कारण आवृत्ति में परिवर्तन
इनमे से कोई भी नहीं
उत्तर 1
13. यदि क्रिस्टल आवृत्ति तापमान के साथ बदलती है, तो हम कहते हैं कि क्रिस्टल है .... तापमान गुणांक
सकारात्मक
शून्य

नकारात्मक
इनमे से कोई भी नहीं
उत्तर 1
14. क्रिस्टल थरथरानवाला आवृत्ति .... के कारण बहुत स्थिर है। क्रिस्टल का कठोरता
कंपन
कम क्यू
उच्च क्यू
उत्तर - 4
15. आवेदन जहां सबसे अधिक संभावना एक क्रिस्टल थरथरानवाला मिल जाएगा है ....
रेडियो रिसीवर
रेडियो ट्रांसमीटर
एएफ स्वीप जनरेटर
इनमे से कोई भी नहीं
उत्तर : 2
16. एक थरथरानवाला एक एम्पलीफायर से भिन्न होता है क्योंकि यह ....
अधिक लाभ है
कोई इनपुट संकेत की आवश्यकता नहीं है
कोई डीसी आपूर्ति की आवश्यकता नहीं है
हमेशा एक ही इनपुट होता है
उत्तर : 2
17. दोलन के लिए एक शर्त है ....
180o . के फीडबैक लूप के चारों ओर एक फेज शिफ्ट
एक तिहाई के फीडबैक लूप के आसपास लाभ
0o . के फीडबैक लूप के चारों ओर एक फेज शिफ्ट
1 . से कम के फीडबैक लूप के आसपास लाभ
उत्तर : 3
18. दोलनों के लिए एक दूसरी शर्त है ....।
फीडबैक लूप के आसपास 1 का लाभ
फीडबैक लूप के आसपास कोई लाभ नहीं
फीडबैक सर्किट का ध्यान एक तिहाई होना चाहिए
फीडबैक सर्किट कैपेसिटिव होना चाहिए
उत्तर 1

19. एक निश्चित थरथरानवाला में Av = 50. फीडबैक सर्किट का ध्यान अवश्य होना चाहिए

होना ....

1

01

10

02

उत्तर - 4

20. एक थरथरानवाला ठीक से शुरू करने के लिए, फीडबैक लूप के आसपास का लाभ होना चाहिए

शुरू में हो

1

1 . से बड़ा

1 से कम

फीडबैक सर्किट के क्षीणन के बराबर

उत्तर : 2

21. एक वीन-ब्रिज थरथरानवाला में, यदि सकारात्मक प्रतिक्रिया सर्किट में प्रतिरोध घट जाती है, आवृत्ति..........

वैसा ही रहता है

कम हो जाती है

बढ़ती है

अपर्याप्त डेटा

उत्तर : 3

22. कोलपिट के थरथरानवाला में, प्रतिक्रिया प्राप्त की जाती है ....।

चुंबकीय प्रेरण द्वारा

एक गुदगुदी कुंडल द्वारा

स्प्लिट कैपेसिटर के केंद्र से

इनमे से कोई भी नहीं

उत्तर : 3

23. क्रिस्टल का क्यू .... के क्रम का है

100

1000

50

10,000 . से अधिक

उत्तर - 4

24. क्रिस्टल ऑसिलेटर्स में क्वाट्र्ज क्रिस्टल का सबसे अधिक उपयोग किया जाता है क्योंकि ....।

इसमें बेहतर विद्युत गुण हैं

यह आसानी से उपलब्ध है

यह काफी सस्ता है

इनमे से कोई भी नहीं

उत्तर 1

27. .... एक निश्चित आवृत्ति थरथरानवाला है

चरण-शिफ्ट थरथरानवाला

हर्टली-ऑसिलेटर

कोलपिट का थरथरानवाला

क्रिस्टल थरथरानवाला

उत्तर - 4

28. एक LC थरथरानवाला में, यदि L के मान को चार गुना बढ़ा दिया जाए, तो की आवृत्ति

दोलन है ....

2 गुना बढ़ गया

4 गुना घट गया

4 गुना बढ़ गया

2 गुना घटे

उत्तर - 4

29. क्रिस्टल ऑसिलेटर की एक महत्वपूर्ण सीमा ....

इसका कम उत्पादन

इसका उच्च क्यू

क्वाट्र्ज क्रिस्टल की कम उपलब्धता

इसका उच्च उत्पादन

उत्तर 1

30. आमतौर पर प्रयोगशालाओं में उपयोग किया जाने वाला सिग्नल जनरेटर .... ऑसिलेटर है

वीन-ब्रिज

हार्टली

क्रिस्टल

चरण बदलाव

उत्तर 1

1.निम्नलिखित में से किस आधार प्रणाली में 123 एक वैध संख्या नहीं है?

(ए) बेस 10

(बी) आधार 16

(सी) बेस 8

(डी) आधार 3

2. 1 KB के स्टोरेज का मतलब बाइट्स की निम्न संख्या है

(ए) 1000

(बी)964

(सी) 1024

(डी) 1064

3. बाइनरी नंबर का ऑक्टल समतुल्य क्या है:

10111101

(ए) 675

(बी) 275

(सी) 572

(डी) 573।

4. सही कथन चुनें:

(ए) एक स्थितीय संख्या प्रणाली में, प्रत्येक प्रतीक अपनी स्थिति के बावजूद समान मूल्य का प्रतिनिधित्व करता है

(बी) सिस्टम में प्रतीकों की संख्या के बराबर मान के रूप में स्थिति संख्या प्रणाली में उच्चतम प्रतीक

(सी) सटीकबाइनरीढ़ूंढनाहमेशासंभवनहींहोताहै

(डी) प्रत्येक हेक्साडेसिमल अंक को तीन बाइनरी प्रतीकों के अनुक्रम के रूप में दर्शाया जा सकता है।

5.(21.125)10 का बाइनरी कोड है

(ए) 10101.001

(बी) 10100.001

(सी) 10101.010

(डी) 10100.111।

6.A NAND गेट को यूनिवर्सल लॉजिक एलिमेंट कहा जाता है क्योंकि

(ए) यह सभी द्वारा उपयोग किया जाता है

(बी) किसीभीतर्कसमारोहकोअकेलेनंददद्वारद्वारामहसूसकियाजासकताहै

(सी) सभी खनन तकनीक इष्टतम नंद गेट प्राप्ति के लिए लागू हैं

(डी) कई डिजिटल कंप्यूटर नंद द्वार का उपयोग करते हैं।

7. एनालॉग कंप्यूटर की तुलना में डिजिटल कंप्यूटर अधिक व्यापक रूप से उपयोग किए जाते हैं,

क्योंकि वो है

(ए) कम खर्चीला

(बी) हमेशा अधिक सटीक और तेज

(सी) समस्याप्रकारोंकीविस्तृतश्रृंखलापरउपयोगी

(डी) बनाए रखना आसान है।

8. अधिकांश डिजिटल कंप्यूटरों में फ्लोटिंग पॉइंट हार्डवेयर नहीं होता है क्योंकि

(ए) फ्लोटिंगपॉइंटहार्डवेयरमहंगाहै

(बी) यह सॉफ्टवेयर से धीमा है

(सी) हार्डवेयर द्वारा फ्लोटिंग पॉइंट एडिशन करना संभव नहीं है

(डी) बिना किसी विशेष कारण के।

9. संख्या 1000 इसके ठीक बाद दिखाई देगी

(ए) एफएफएफएफ (हेक्स)

(बी) 1111 (बाइनरी)

(सी) 7777 (ऑक्टल)

(घ) उपरोक्तसभी।

10. (1(10101)2 is

(ए) (37)10

(बी) (69)10

(सी) (41)10

(डी) - (5)10

11. n चर द्वारा उत्पन्न किए जा सकने वाले बूलियन कार्यों की संख्या बराबर है

(ए) 2एन

(बी) 22 एन

(सी) 2n-1

(डी) - 2n

12. दो के पूरक, एक के पूरक, या चिह्न और परिमाण द्वारा छह-बिट संख्याओं के प्रतिनिधित्व पर विचार करें: पूर्णांक 011000 और 011000 के अतिरिक्त से किस प्रतिनिधित्व में अतिप्रवाह है?

(ए) केवल दो के पूरक

(बी) संकेत और परिमाण और केवल एक का पूरक

(सी) दो के पूरक और केवल एक के पूरक

(डी) सभीतीनप्रतिनिधित्व।

13. एक हेक्साडेसिमल ओडोमीटर F 52 F प्रदर्शित करता है। अगली रीडिंग होगी

(ए) एफ52ई

(बी)जी52एफ

(सी)F53F

(डी) F53O।

14. तर्क परिपथ में धनात्मक तर्क वह है जिसमें

(ए) तर्क 0 और 1 क्रमशः 0 और सकारात्मक वोल्टेज द्वारा दर्शाए जाते हैं

(बी) तर्क 0 और -1 क्रमशः नकारात्मक और सकारात्मक वोल्टेज द्वारा दर्शाए जाते हैं

(सी) तर्क 0 वोल्टेज स्तर तर्क 1 वोल्टेज स्तर से अधिक है

(डी) तर्क 0 वोल्टेजस्तरतर्क 1 वोल्टेजस्तरसेकमहै।

15. निम्न में से कौन सा गेट दो स्तरीय लॉजिक गेट है

(ए) या गेट

(बी) नंद गेट

(सी) अनन्ययागेट

(डी) गेट नहीं।

16. लॉजिक परिवारों में, 4 बिट सिंक्रोनस काउंटर में 100 मेगाहर्ट्ज से अधिक उच्च आवृत्ति पर उपयोग किया जा सकने वाला परिवार है

(ए) टीटीएलएएस

(बी) सीएमओएस

(सी) ईसीएल

(डी) टीटीएलएलएस

17. एक AND गेट OR if . के रूप में कार्य करेगा

(ए) फाटकों के लिए सभी इनपुट "1" हैं

(बी) सभी इनपुट '0' हैं

(सी) इनपुट में से कोई भी "1" है

(डी) सभीइनपुटऔरआउटपुटपूरकहैं।

18. एक OR गेट में 6 इनपुट होते हैं। इसकी सत्य तालिका में इनपुट शब्दों की संख्या है

(ए) 6

(बी) 32

(सी) 64

(डी) 128

19. एक डिबगिंग सर्किट है

(ए) एक अद्भुत एमवी

(बी) एक बस्टेबल एमवी

(सी) एककुंडी

(डी) एक मोनोस्टेबल एमवी।

20. नंद। द्वार दूसरों पर पसंद किए जाते हैं क्योंकि ये

(ए) कम निर्माण क्षेत्र है

(बी) किसीभीगेटकोबनानेकेलिएइस्तेमालकियाजासकताहै

(सी) कम से कम इलेक्ट्रॉनिक शक्ति का उपभोग करें

(डी) एक चिप में अधिकतम घनत्व प्रदान करते हैं।

21. OR गेट के मामले में, इनपुट की संख्या कितनी भी क्यों न हो, a

(ए) किसीभीइनपुटपर 1 आउटपुटकोतर्कपरहोनेकाकारणबनताहै 1

(बी) 1 किसी भी इनपुट पर आउटपुट को तर्क 0 . पर होने का कारण बनता है

(सी) 0 कोई भी इनपुट आउटपुट को तर्क 0 . पर होने का कारण बनता है

(डी) 0 किसी भी इनपुट पर आउटपुट को तर्क 1 पर होने का कारण बनता है।

22. 7400 NAND गेट का पंखा है

(ए) 2 टीटीएल

(बी) 5 टीटीएल

(सी) 8 टीटीएल

(डी) 10टीटीएल

23. अतिरिक्त -3 कोड को के रूप में जाना जाता है

(ए) भारित कोड

(बी) चक्रीय अतिरेक कोड

(सी) स्व-पूरककोड

(डी) बीजगणितीय कोड।

के24. डेटा के लिए 8 बिट, समता के लिए 1 बिट, मैं बिट शुरू करता हूं और 2 स्टॉप बिट्स मानता हूं, 1200 बीपीएस संचार लाइन संचारित कर सकने वाले वर्णों की संख्या है

(ए) 10 सीपीएस

(बी) 120 सीपीएस

(सी) 12 सीपीएस

(डी) उपरोक्त में से कोई नहीं।

www.ingramcontent.com/pod-product-compliance
Lightning Source LLC
LaVergne TN
LVHW010429230826
846092LV00009BA/1100

* 9 7 9 8 8 8 8 3 3 0 5 8 6 *